Tintin
et les secrets de famille

Du même auteur

Aux Éditions Aubier

Tintin chez le psychanalyste, 1985
La bande dessinée au pied du mot, 1990
Tintin et les secrets de famille, 1992 (1re édition Séguier, 1990)
Y a-t-il un pilote dans l'image ?, 1998
Comment l'esprit vient aux objets, 1999
Petites mythologies d'aujourd'hui, 2000

Aux Éditions Dunod

La Honte, psychanalyse d'un lien social, 1992
Psychanalyse de l'image, des premiers traits au virtuel, 1995
Le Psychisme à l'épreuve des générations, 1996 (collectif)

Chez d'autres éditeurs

Hergé, Seghers, 1987
L'Érotisme du toucher des étoffes, Séguier, 1987 (en collaboration avec Yolande Papetti)
Clérambault, psychiatre et photographe, Les empêcheurs de penser en rond, 1990 (en collaboration avec Mounira Khemir)
Tintin et le secret d'Hergé, Paris, Presse de la Cité, 1993
Le Bonheur dans l'image, Paris, Les empêcheurs de penser en rond, 1996
Secrets de famille, Mode d'emploi, Ramsay, 1996 (réédition Marabout, 1997)
Le Mystère de la chambre claire, photographie et inconscient, Les Belles Lettres, 1996 ; « Champs-Flammarion », 1999
Du bon usage de la honte, Ramsay, 1998
Nos secrets de famille. Histoire et mode d'emploi, Ramsay, 1999
Psychanalyse de la bande dessinée, PUF, 1987 ; « Champs-Flammarion », 2000

Bandes dessinées

Histoire de la psychiatrie en bandes dessinées, Savelli, 1978
Les Oreilles sales, Les empêcheurs de penser en rond, 1994
Livres de photographies
Nuage/Soleil (avec des photographies de Bernard Plossu), Marval, 1994
D'air en air (avec des photographies de Catherine Noury), Filigranes Éditions, 1995
Toi et moi (avec des photographies de Claude Non), En vues Éditions, 1999

Serge Tisseron

Tintin
et les secrets de famille

Secrets de famille,
troubles mentaux et création

AUBIER

© Éditions Flammarion, 1992.
ISBN : 978-2-7007-2168-3

« Les artistes ne découvrent rien de nouveau. Ils apprennent seulement à comprendre de mieux en mieux le secret qui leur a été confié au début, et leur création est une exégèse continuelle, un commentaire de cet unique verset imposé. »

Bruno Schulz, Lettre à S. I. Witkiewicz
in *Les boutiques de cannelle*,
Denoël, Paris, 1974.

Tintin a été longtemps pour moi un héros sans auteur. Ses aventures commençaient et finissaient avec chaque album, et j'en étais, le temps de ma lecture, le seul créateur. Merveilleuse illusion de l'enfance qui peut se croire la cause de ce qui la comble... si bien servie, il est vrai, par la magie du dessin de Hergé. Pour moi, comme certainement pour la plupart de ses lecteurs, Tintin alors se suffisait à lui-même.

Aujourd'hui au contraire, l'intérêt qu'on porte au petit reporter s'efface presque derrière celui qu'on prodigue de toutes parts à son créateur Hergé : édition de ses dessins inédits, publication de sa correspondance privée, interviews de ses contemporains et de ses proches. Je me demande de quoi il faut s'étonner le plus dans tout cela : de la façon dont ces multiples manifestations entrent en contradiction avec la discrétion que Hergé a toujours préservée autour de son intimité – il avait en horreur l'exhibition sous toutes ses formes – ; ou bien de la naïveté qu'il y a à croire que ces regards jetés sur l'homme puissent finalement nous révéler le secret de la fabrication des « Tintin ».

Car ces démarches seraient finalement anodines s'il ne s'y ajoutait pas, comme en un filigrane obsédant, l'idée de comprendre l'œuvre à partir de son auteur.

J'ai proposé, en 1985, dans *Tintin chez le psychanalyste*, une tout autre approche : étudier la dynamique inconsciente d'une œuvre indépendamment de la connaissance qu'on peut avoir de son créateur, à la rencontre du questionnement dont elle témoigne, et dans l'attente que ce questionnement puisse nous rendre plus claire la nécessité de sa création. Le pari a pu paraître choquant à certains, et d'autant plus que l'œuvre choisie pour ma démonstration, *Les aventures de Tintin*, a longtemps été considérée comme un amusement. Or, depuis 1985, des événements nouveaux sont survenus. Des événements bien impossibles à imaginer à ce moment-là et à partir desquels la nécessité d'un complément à ma recherche s'est imposée. Car la conclusion à laquelle j'arrivais alors – celle d'un secret familial exposé puis résolu par Hergé dans la succession de son œuvre – s'est trouvée extraordinairement confirmée. *Les aventures de Tintin* révèlent du même coup de nouveaux aspects imprévisibles, et leur lecture se donne comme une merveilleuse introduction à la compréhension d'un domaine encore mal connu, celui de la transmission d'un secret de famille sur plusieurs générations.

Afin de satisfaire en priorité la curiosité des lecteurs « tintinophiles », j'ai choisi de débuter cet ouvrage par les nouvelles découvertes sur l'œuvre hergéenne, et de réserver l'explication systématique des notions qui y sont utilisées à la fin. Les deux premières parties

Tintin et les secrets de famille

sont donc construites de façon à se suffire à elles-mêmes. Quant à ceux que préoccupe la dynamique des secrets familiaux, ils pourront entamer leur lecture par les deux dernières parties, et découvrir ensuite ce qui est consacré à Hergé comme une illustration.

Première partie

TINTIN, UN DRAME FAMILIAL

Le secret de la filiation occultée

Tintin chez le psychanalyste a été pour beaucoup de ses lecteurs un choc. Une étude des personnages, des objets, des mots et de la construction des albums, révèle en effet qu'il existe dans *Les aventures de Tintin* une « autre histoire ». Une histoire à déchiffrer entre textes et dessins et qui concerne un secret de famille et sa transmission sur plusieurs générations. Une histoire soigneusement construite... et tout aussi soigneusement camouflée.

Tout d'abord, de nombreux indices donnent l'ancêtre du capitaine Haddock, le chevalier de Hadoque mis en scène dans *Le secret de la Licorne*, pour être un fils bâtard de Louis XIV. Ce fils non légitimé aurait hésité entre chérir son père ou le maudire en secret, c'est-à-dire le traiter de « pirate » ou de « renégat ». Et ce dilemme aurait non seulement pesé sur la vie du chevalier, mais encore sur celle des générations suivantes, et en particulier sur le capitaine Haddock son descendant. Par ailleurs, sous prétexte de rendre accessible à ses fils un mystérieux trésor, le chevalier aurait créé un véritable jeu de pistes : trois parchemins cachés dans le grand mât de trois maquettes de bateaux donnent accès à des textes incompréhensibles qui ne peuvent être déchiffrés que par superposition ; et le sens de leur message n'est finalement révélé à Tintin qu'au hasard d'une exploration des caves du château de Moulinsart. Or je montrai qu'un autre sens possible de cette énigme consiste justement dans la révélation du secret douloureux de la filiation secrète. Le texte des trois parchemins superposés – « Alors resplendira la † de l'Aigle » – peut en effet se lire comme l'expression cryptée d'un secret de filiation : « Alors resplendira la croix (c'est-à-dire la douleur, si on prend ce mot dans un sens métaphorique) de l'Aïeul (ce mot étant en effet presqu'homonyme du mot « Aigle ») ». Autrement dit, une fois dévoilée la filiation secrète entre le chevalier et son roi et père, le désir secret du fils illégitime pourrait enfin être mis en scène : que son père ait souffert de n'avoir pas pu choyer son fils comme il l'aurait souhaité autant que lui-même a pu souffrir de ne pas être choyé par ce père. La difficulté principale d'une telle interprétation résidait bien entendu dans l'absence de représentation explicite de père, légitime ou non, dans *les Aventures*. En particulier, le roi Louis XIV, supposé être le père secret du chevalier, est très rarement nommé et jamais dessiné. Certes, cette absence s'explique, dans mon hypothèse, par le fait que son identité doive rester secrète. Mais comment affirmer que cette absence soit le signe d'un effacement volon-

Tintin, un drame familial

taire plutôt que le résultat d'une insignifiance ? Or la réponse à cette question se trouve elle-même dans *Tintin* ! Tout comme Hergé a su créer un rébus autour des origines illégitimes du chevalier, il a su inscrire la présence de ce père secret et illustre à l'intérieur même de son œuvre, mais de manière cryptée. L'ancêtre royal absent de la syntaxe du texte est omniprésent sous une forme phonétique. Les trois sons K, A et R sont en effet présents dans la plupart des noms propres imaginés par l'auteur pour désigner les figures masculines de son œuvre. Des figures qui sont d'abord menaçantes, puis de plus en plus sympathiques au fil de la succession des albums, comme si l'ancêtre royal, d'abord chargé de réprobation, devenait de plus en plus familier à Hergé au fur et à mesure des *Aventures*. Ainsi passe-t-on successivement, et pour ne retenir que les principaux, du gorille Ranko de *L'Île Noire* à Rastapopoulos, Alcazar et Ottokar ; puis Rackham le Rouge ; Rascar Capac (la momie des *Sept boules de cristal*) ; Carreidas (le milliardaire puéril de *Vol 714 pour Sydney*) ; jusqu'aux sympathiques Picaros [1]), et finalement à Archibald (que l'on peut aussi prononcer « Arkibald »), le prénom de Haddock enfin connu dans ce dernier album au cours d'un épisode amnésique et grâce à Tintin [2]. Ainsi cette séquence phonétique K.A.R. sonne-t-elle dans l'ensemble de l'œuvre de Hergé

---

1. « Picaro », dit Hergé, désigne « une sorte de fripon sympathique » in *Hergé. Correspondance*, Éd. Duculot, Bruxelles, 1989.
2. *Tintin et les Picaros,* p. 31.

comme un rappel sonore de la question des origines. D'ailleurs, Hergé lui-même, dans son œuvre, nous a donné la clé de cette association phonétique destinée à désigner l'ancêtre royal ! C'est bien entendu dans un album qui met en scène un Roi, c'est-à-dire dans *Le Sceptre d'Ottokar*, à l'intérieur du dépliant touristique dont Hergé jugea utile, après la guerre, d'accroître l'importance en le faisant passer de deux à trois pages. Il y est écrit en effet que le nom de « Muskar », fondateur de la dynastie royale syldave, est construit à partir de « Muskh » qui signifiait « valeur », et de « Kar » qui signifiait « roi »[1]. On ne saurait être plus clair sur la signification de ces trois sons dans l'ensemble des noms propres où ils interviennent !

Mes hypothèses, dans *Tintin chez le psychanalyste*, apportaient également une interprétation nouvelle du personnage de la Castafiore. Alors que de nombreux commentateurs ont voulu faire du « bijou » si précieux de la chanteuse, dans *Les bijoux de la Castafiore*, le symbole de sa virginité, je montrai que la relation qu'elle entretient avec cet objet évoque aussi celle d'une mère avec son enfant chéri. Les mères ne disent-elles pas en effet volontiers, pour désigner leur enfant, qu'il est leur « trésor » ou encore leur « bijou » ? La cantatrice apparaît alors, dans *Les Bijoux*, comme la figure d'une mère ayant dû élever seule son garçon – représenté dans cet album par le

---

1. *Le Sceptre d'Ottokar*, pp. 19 à 21.

Tintin, un drame familial

capitaine Haddock – et ne pouvant se résoudre à laisser partir ce témoignage unique et chéri de ses amours illustres. Et tous les personnages de l'œuvre hergéienne se révélaient du même coup constituer les différentes facettes de l'enfant-Hergé aux prises avec ses propres désirs d'autonomie face à une figure maternelle vécue par lui comme possessive et intrusive... à commencer par Tintin lui-même, globe-trotter lancé à travers le monde peut-être moins pour le découvrir que pour fuir tout risque d'accaparement familial !

Enfin, je risquai l'hypothèse d'une problématique identique chez Hergé à celle de son personnage Haddock. Celle d'un ancêtre mâle non reconnu par son père bien qu'ayant reçu des cadeaux matériels de lui – à l'image du château de Moulinsart offert au chevalier par Louis XIV –, et condamné à organiser autour de ce premier secret fondateur un ensemble de silences, de cachotteries et de mensonges. C'est de ceux-ci que la création de Hergé témoignerait. D'ailleurs, dans cette histoire de filiation secrète entre le roi Louis XIV et le chevalier, le descendant de celui-ci n'est autre que le capitaine Haddock dont Hergé a dit à plusieurs reprises qu'il le représentait lui-même. Un capitaine d'abord désespéré et qui commence à beaucoup mieux se porter après la découverte des vestiges de son ancêtre et la reconstitution de son histoire oubliée.

Je n'osais alors, faute de preuves, pousser plus loin mes hypothèses... Et c'est des lecteurs que me vinrent, avec les premières confirmations de ma lecture, les premiers encouragements à poursuivre mes réflexions.

Premières confirmations

En ce qui concerne mes hypothèses sur la filiation royale du chevalier de Hadoque, j'appris ainsi d'un lecteur que le roi Louis XIV n'est « soleil » qu'en France. En Allemagne et en Flandres, il est « brigand ». Ses essais d'annexion des provinces limitrophes comme le Palatinat et les Flandres lui ont valu ce surnom, « Raüberköning » en allemand. Il n'est pas impossible que Hergé, belge, l'ait appris à l'école... Il s'agit en tout cas d'un argument supplémentaire au rapprochement entre la figure du « grand Roi » et celle du « pirate ».

Dans le même sens, mon attention fut attirée sur l'existence de deux noms propres importants contenant les trois sons K, A et R que ma lecture de 1985 avait omis : l'Indien Huascar du *Temple du Soleil*, qui fait don à Tintin d'un talisman, puis qui sera chargé de mettre le feu au bûcher où doivent être sacrifiés les héros ; et surtout le sherpa Tharkey de *Tintin au Tibet*. Ce dernier constitue certainement la représentation la plus complète et la plus réussie, sous la plume de Hergé, d'une autorité bienveillante et paternelle. Ce qui n'est certainement pas un hasard compte tenu de la qualité phonétique de la profession sous laquelle il apparaît. Le mot « sherpa » sonne en effet à la fois comme « cher papa » et « cher RKA », autre-

Tintin, un drame familial

ment dit « cher roi » ! C'est-à-dire qu'il résume par sa seule construction phonétique les deux qualités du géniteur secret, à la fois père et roi [1].

---

1. Puisqu'il est question ici des réactions des lecteurs, il faut évoquer une critique qui m'a parfois été faite, bien qu'elle ne concerne pas directement le sujet traité. En étudiant les multiples formes de séparation dans *Tintin*, j'avais émis l'hypothèse que cette œuvre contenait une tentative de familiarisation avec celle-ci. Une tentative culminant dans la mise en scène de l'affection et de l'affrontement qui réunissent et opposent la Castafiore et Haddock dans les *Bijoux*. Mais la vie de Hergé contient une séparation qui ne doit rien à son histoire d'enfant. Alors qu'il s'apprêtait à envoyer Tintin en Extrême-Orient, il fit en effet la connaissance d'un jeune étudiant chinois, Tchang Tchong-Jen, qui le conseilla pour le scénario du *Lotus bleu* et l'initia à l'art oriental. Cette rencontre eut, de l'aveu même de Hergé, une importance considérable sur son œuvre à venir. Il créa d'ailleurs un héros auquel il donna le nom de « Tchang » : un jeune orphelin chinois que Tintin sauve de la noyade dans le *Lotus* avant d'être à son tour sauvé par lui, qui l'accompagne dans quelques aventures avant d'en être séparé, et à la recherche de qui il se lance finalement dans *Tintin au Tibet*. Car Hergé lui aussi fut séparé de Tchang qui dut repartir pour la Chine. Mais cette amitié continua à le hanter. Il multiplia les tentatives afin de retrouver la piste de son vieil ami, et ce n'est finalement qu'en 1981, après de très nombreuses recherches, qu'il parvint à le revoir. Les multiples mises en scène de la séparation dans *Tintin* ne seraient-elles pas alors la trace de la séparation qui éloigna Hergé de son ami chinois ? Cette explication, qu'on m'a parfois reproché de ne pas prendre en compte dans *Tintin chez le psychanalyste*, révèle pourtant rapidement son insuffisance. Le thème de la séparation hante en effet *Tintin* dès le *Congo*, c'est-à-dire bien avant la rencontre entre les deux hommes. Surtout, le sort que la vie réserva à leur amitié ne peut pas expliquer la manière dont la question de la séparation est mise en relation, chez Hergé, avec un défaut de reconnaissance de filiation. D'ailleurs, le dénouement du *Tibet* n'implique pas seule-

Tintin et les secrets de famille

Un peu plus tard, en 1986, la parution de *Tintin et l'alph-art*, l'ultime album inachevé de Hergé, vint conforter à son tour mes hypothèses. Tout d'abord, la première page de cet album réalise une mise en scène de la Castafiore en parfaite conformité avec l'approche que j'en proposais en 1985. Le rêve du début de l'album (inutile pour la compréhension narrative et donc particulièrement éclairant pour les ressorts de la création hergéenne) nous révèle la cantatrice comme une mère inattentive et despotique aux prises avec un capitaine infantilisé. Mais surtout la parution de l'*Alph-art* confirmait le rôle des sonorités K, A et R décelées dans les albums précédents. Elles sont en effet présentes dans la plupart des noms propres : dans le titre bien sûr, mais aussi dans les patronymes « Sakarine », « Fourcart », « Ramo-Nash », « Akass », « César »... Et cette attention nouvelle portée à la nomination dans les *Aventures* me fit découvrir de nouveaux entrelacements autour de l'identité oiseau/ancêtre...

La charade de l'oiseau royal

Poursuivant mes réflexions, mon attention fut en effet attirée par la manière dont les noms des compa-

---

ment les retrouvailles de Tintin-Hergé et de Tchang, mais aussi la solitude douloureuse du yéti qui l'avait sauvé de la mort et qui s'en était occupé comme d'un fils. C'est pourquoi il est probable que la longue séparation d'avec Tchang, parallèlement aux enjeux affectifs personnels qu'elle mobilisa pour Hergé, a

Tintin, un drame familial

gnons de Tintin évoquent trois des quatre éléments primordiaux. L'eau est présente dans le nom du capitaine qui est aussi celui d'un poisson, le « haddock ». La terre est évoqué à travers le nom du professeur (le « tournesol » est aussi une fleur majestueuse), et celui de « Bianca Castafiore », autrement dit la « Chastefleur ». Quant au feu, il est lui aussi présent dans le nom alambiqué du professeur (qui évoque la fleur-soleil), mais surtout dans la présence insistante de la divinité solaire : c'est le grand Inca, « noble fils du soleil », dans *Le Temple du Soleil* ; c'est surtout l'ombre énigmatique du Roi-Soleil, père probable du chevalier de Hadoque. Pourtant, dans cette cosmogonie phonétique, aucun nom ne renvoie à l'élément aérien. Et quand Tintin s'élève dans les airs, c'est toujours pour redescendre avec violence : dans *Le Sceptre d'Ottokar*, dans *L'Île Noire*, dans *Vol 714 pour Sydney*, et bien sûr dans *On a marché sur la Lune*. Seuls aboutissent finalement les vols vers la terre-mère, à la fin de nombreux albums. De même, quand ils marchent vers les cimes, dans *Le Temple du Soleil* et dans *Tintin au Tibet*, c'est encore à la chute que les héros sont confrontés : chute par la suite d'avalanches dans ces deux albums ; chute du bûcher dressé par les Incas dans le second... Mais cet élément aérien absent de la narration se retrouve présent dans les noms propres.

Tout d'abord, cet élément est évoqué à travers le nom des « frères Loiseau » du *Secret de la Licorne*. Ce

---

réveillé des questions essentielles autour d'une histoire familiale secrète concernant une autre séparation sans retrouvailles.

sont eux qui convoitent les modèles réduits du vaisseau où se trouvent cachés les parchemins indiquant la localisation du trésor. Ce sont eux également qui habitent le château de Moulinsart avant qu'il ne soit racheté par Haddock – en même temps que Nestor d'ailleurs –, après la découverte des parchemins du chevalier. Or il est remarquable que Tintin soit d'abord mis sur la piste des deux frères voleurs et criminels par un véritable rébus : un personnage blessé qui ne parvient pas à articuler le nom de ses agresseurs montre du doigt à Tintin quelques moineaux sur la chaussée [1]. C'est-à-dire que Tintin est mis sur la piste des frères Loiseau de la même manière qu'il le sera sur celle du secret du chevalier. Dans ce dernier cas, c'est en effet également un rébus qui sera proposé aux héros : la « † de l'Aigle ».

D'autre part « l'Aïeul », père secret du chevalier et grand-père mythique de Haddock, est caché dans le texte des parchemins derrière un nom qui évoque lui aussi l'élément aérien : « l'Aigle » [2]. Le choix de ce nom est déterminé de multiples façons. Non seulement il est presque homonyme de « Aïeul », mais encore il désigne un personnage historique qui fut pour les Belges, tout autant que le roi Louis XIV, à la fois « soleil » et « brigand » : Napoléon Ier, « soleil » d'Austerlitz finalement envoyé en prison après sa défaite dans la plaine – aujourd'hui belge – de Waterloo. Et ce n'est certainement pas un hasard si l'animal

---
1. *Le Secret de la Licorne*, p. 31.
2. *Tintin chez le psychanalyste, op. cit.*

Tintin, un drame familial

qui s'interpose sur le chemin de Tintin et de Haddock en marche vers le grand Inca, grâce à qui va s'opérer la réconciliation du fils bâtard et du père secret, est encore un oiseau [1]. Mais cette fois-ci il s'agit d'un oiseau dont le nom – un « condor », autrement dit un « vautour » – n'évoque plus la noblesse et la hauteur de vue comme le faisait le mot « aigle », mais au contraire la dureté et la rapacité, autrement dit un mot qui est synonyme de « pirate » !

Ainsi, dans *Tintin*, l'ombre royale absente des représentations explicites hante l'ensemble des *Aventures* sous la forme des morceaux d'une gigantesque charade. Certains morceaux de cette charade sont présents dans l'image (ce sont les multiples représentations d'oiseaux), et d'autres dans les noms propres des héros masculins (sous la forme de la séquence phonétique KAR). Et c'est naturellement dans *Le Sceptre d'Ottokar*, seul album de Hergé à mettre en scène un roi, que l'ensemble de ces représentations se réunissent. L'emblème de la dynastie du roi Ottokar, désigné comme descendant légitime du « grand roi » Muskar, est un oiseau, précisément un « pélican ». Quant à l'aventure de cet album, c'est celle d'un monarque qui perd sa légitimité en même temps que son sceptre, puis les retrouve tous deux grâce à Tintin [2]. À la légitimité attendue par le fils bâtard

---

1. *Le Temple du Soleil*, pp. 27 à 30.
2. Cette interprétation ne se veut bien entendu pas exhaustive, et n'exclut pas la légitimité de l'analyse politique qu'on fait si souvent de cet album en s'appuyant sur le fait que Müsstler, l'aide de camp félon d'Ottokar, porte un nom qui évoque à la fois ceux de Mussolini et de Hitler. Elle montre seulement que,

telle que j'en ai retracé le fil à travers l'ensemble des *Aventures* dans *Tintin chez le psychanalyste*, s'oppose, dans cet album, la légitimité spirituelle octroyée par le fils. Mais pour qui un tel fantasme – ou, si on préfère, une telle construction imaginaire – est-elle essentielle ? Est-ce pour Hergé lui-même, ou bien est-ce pour un autre dont il se serait en quelque sorte fait l'écho, tout comme son œuvre est l'écho d'une partie de lui-même ? Telle est la question que nous allons maintenant envisager. Car d'autres preuves, autrement plus importantes, se sont ajoutées au dossier d'un secret familial à l'œuvre dans les *Aventures de Tintin*.

Hergé et le secret paternel

À la fin de *Tintin chez le psychanalyste*, je risquai l'hypothèse qu'un garçon bâtard non reconnu par son père existe dans la généalogie maternelle de Hergé. Ce rapprochement m'était suggéré par un seul fait : le dénouement affectif de ce secret, par la mise en scène de la douleur de séparation à la fin de *Tintin au Tibet*[1], est suivi dans les *Bijoux* par la réconciliation entre un enfant et sa mère, représentés respectivement par le capitaine et la Castafiore[2]. Pourtant, si cet unique argument m'était alors paru suffisant pour

---
dans le domaine de la création, l'existence de déterminations multiples est de règle.
1. *Tintin au Tibet*, p. 62.
2. *Les Bijoux de la Castafiore*, p. 56.

étayer une telle hypothèse, c'est à vrai dire faute d'une bonne compréhension du mode de transmission des secrets de famille. Car la relation mère-enfant est loin de constituer le seul domaine de leurs effets perturbateurs [1]. Un secret familial indicible peut également porter son ombre sur la relation d'un père et d'un fils, et jusqu'au sein des fratries, même si le lien de collatéralité ne suffit pas seul à leur transmission. Enfin et surtout, il appartient à toute relation étroite et intense de poser les conditions de transmission des secrets familiaux et de leurs effets déséquilibrants : entre deux amants, deux amis, deux conjoints... Le point commun de telles relations est en effet toujours de constituer un lien proche de celui qui unit un nouveau-né à sa mère : par l'état de dépossession narcissique – l'aimé(e) est survalorisé(e) et on se sent tout(e) petit(e) à côté de lui – ; par la dépendance qui s'ensuit à l'inconscient de l'autre ; et enfin par le désir de le soulager de ses fardeaux psychiques dans le but inconscient de le rendre plus disponible à soi-même.

---

1. Claude Nachin a attiré mon attention sur ce point dès la parution de mon ouvrage, avant d'exposer son point de vue dans *L'Évolution psychiatrique* (tome 52, fasc. 2, avril-juin 1987, pp. 331-333). Didier Anzieu, dans un courrier qu'il m'avait adressé après la lecture de mon manuscrit en 1983, avait d'ailleurs déjà tenté de le faire, en reconnaissant l'existence probable d'un fantôme chez les ascendants de Haddock-Hergé, mais en contestant que ce fantôme se trouve du côté de la Castafiore... Sans doute l'aveuglement lié à mes propres secrets familiaux était-il encore trop fort ! Où l'on voit que si une certaine coïncidence entre la problématique de l'auteur et celle du chercheur en sciences humaines peut motiver son entreprise et assurer l'originalité de son propos, elle menace aussi ses résultats.

C'est ainsi que dans un couple, chacun des deux conjoints se trouve très souvent co-porteur des secrets inconscients de l'autre...

L'existence d'un secret familial indicible chez l'un des deux parents affecte donc d'abord la communication entre eux. C'est pourquoi, dans un couple et quelle que soit la branche parentale initialement concernée par le secret – père ou mère –, il est courant que la communication mère-enfant se trouve perturbée par l'existence d'un tel secret. Soit « directement » – si on peut dire – au cas où le secret concerne ses propres ascendants. Soit indirectement au cas où le secret concerne les ascendants de son conjoint, secret dont elle subit alors les contrecoups d'une manière qui peut perturber sa propre relation avec son enfant. On voit donc que, même si le secret pénible de filiation dont Hergé a cherché à se débarrasser à travers *Tintin* concernait sa branche paternelle, cela n'exclut pas qu'il ait rencontré d'importantes difficultés dans la relation avec sa mère en rapport avec ce secret. Car l'amour de cette femme pour son mari l'aurait alors certainement conduite à prendre sur elle une partie de ce pesant fardeau, comme c'est si souvent le cas dans de telles situations. Cette nouvelle hypothèse, en reconnaissant l'existence de la transmission inconsciente de secrets familiaux entre époux, reconnaît du même coup le rôle joué par la relation entre les parents sur la relation nouée entre un petit enfant et sa mère. En ce sens, elle est plus complémentaire qu'exclusive de celle qui, dans *Tintin chez le psychanalyste*, envisageait le rôle de la mère seule. Enfin, et pour être complet, on ne peut pas exclure non plus que, dans la rencontre entre le père et la mère de Hergé, deux problématiques familiales proches se soient en quelque sorte rencontrées. L'amour joue souvent de semblables tours dans lesquels chacun cède à la fascination de percevoir inconsciemment en l'autre un problème indicible semblable à celui par lequel il est lui-même accaparé !

Pour en rester à *Tintin*, on voit donc qu'une lecture sans a priori ne permet pas de décider absolument si le secret de filiation dont Hergé avait en quelque sorte hérité concernait son ascendance du côté paternel ou bien du côté maternel. Ces réflexions étant posées dès 1986, l'opportunité d'une traduction de *Tintin chez le psychanalyste* en langue portugaise, cette année-là, me permit de faire les corrections nécessaires. Je rendis aux pères justice de leur rôle et ne fit plus reposer sur les mères seules la responsabilité de la transmission des secrets de famille.

La vérité démasquée

La partie semblait impossible à jouer plus loin lorsqu'un coup de théâtre vint bouleverser l'échiquier ! Deux journalistes belges ayant eu accès à des documents jusque-là inédits – en particulier des « cahiers secrets » tenus par Hergé lui-même – ramenèrent une bien étrange information : « Lisa Remi (c'est-à-dire la mère de Hergé) se demande parfois quel genre d'homme pouvait être le père d'Alexis et de Léon (c'est-à-dire respectivement le père et l'oncle de Hergé qui étaient deux frères jumeaux). Ils sont nés d'une fille-mère, Marie Dewigne, qui a toujours préservé le secret et qui travaillait chez une dame de la noblesse. Toute la famille se pose pourtant la question : pourquoi la baronne de Dutzeel a-t-elle à tout prix voulu unir par un mariage blanc sa servante à l'un de ses ouvriers, un certain Remi ? Il est toujours vivant, ce brave homme, mais on ne l'a jamais vu ! Bizarre façon de sauver les apparences ! Et pourquoi donc la baronne aurait-elle payé de beaux vêtements à Léon et Alexis jusqu'à leurs quatorze ans ?

Le mystère de l'identité du père des jumeaux reste donc entier. Souvent, on dit : « Le grand-père ? C'était quelqu'un qui passait par là. » Mais parfois aussi, les jumeaux déclarent aux enfants, sur un ton de légende. « On ne vous dira pas qui était votre grand-père, cela vous tournerait la tête. »[1]

Ainsi le père de Hergé pourrait-il bien être un bâtard d'ascendance illustre, voire noble ! Un bâtard non reconnu officiellement par son père, mais vraisemblablement aidé matériellement par lui, ou tout au moins aidé dans des conditions suffisamment mystérieuses – et par une baronne qui plus est ! – pour avoir pu penser l'être par lui. La construction par Hergé, autour du chevalier de Hadoque, du secret

---

1. Thierry Smolderen et Pierre Sterckx, *Hergé, biographie*, Casterman, Bruxelles, 1988. Cet ouvrage se fait l'écho d'écrits de la main même de Hergé, et de renseignements recueillis auprès de ses proches.

d'une filiation royale mais inavouable, se révèle alors constituer l'exacte transposition d'un secret de la famille Remi ! Alexis et Léon se trouvaient par rapport à leurs origines et à leur patronyme dans la même situation que le chevalier : partie prenante d'un secret dont le contenu indicible devait continuer à rester ignoré tout en jouant un rôle capital dans l'identité familiale. Quant à Hergé, il se trouva vraisemblablement très longtemps vis-à-vis de ce secret comme le capitaine Haddock vis-à-vis de celui de son ancêtre, c'est-à-dire soumis à des informations mystérieuses. Et il fut finalement probablement partagé entre deux versions : l'une « officielle », celle du grand-père Remi ayant laissé prématurément ses deux enfants « orphelins » ; et l'autre, secrète et énigmatique, celle du géniteur illustre mais inavouable. Avant que, peut-être, la « vérité » ne lui ait été clairement expliquée ; peut-être par son père, à moins que ce ne soit par son oncle... ou encore par sa grand-mère Marie Dewigne... Mais Alexis et Léon savaient-ils eux-mêmes de qui ils étaient les fils ? Marie Dewigne leur révéla-t-elle finalement la vérité, bien qu'ils en fussent les premiers concernés après elle ? En tout cas, si elle le fit, c'est certainement bien trop tard pour eux, à un moment où leur fonctionnement mental et leurs choix avaient déjà été marqués par le secret. D'ailleurs, cette phrase énigmatique prononcée par l'entourage de Hergé : « On ne vous dira pas qui était votre grand-père, cela vous tournerait la tête », était-elle autre chose que l'adaptation, à l'usage de la nouvelle génération, de celle dont l'enfance des deux jumeaux avait été à la fois troublée et illuminée ? Ne leur a-t-on pas dit et répété, à eux : « On ne vous dira pas qui était votre *père*, cela vous tournerait la tête ? » Il est remarquable en tout cas que Hergé s'en tienne encore à la version officielle – celle du père et de l'oncle orphelins – dans la dernière interview qu'il donne en décembre 1982, quelques mois avant sa mort. C'est-à-dire à un moment où, d'après Smolderen et Sterckx, il connaissait toute l'histoire. S'agissant de la « tristesse » de son géniteur, c'est-à-dire en clair de sa dépression, il déclare en effet : « Il est vrai que mon père était orphelin et qu'il a commencé à travailler très jeune. »[1]

Ainsi comprenons-nous mieux la genèse du secret des Remi et son articulation avec les divers épisodes de l'œuvre de Hergé. Sa grand-mère paternelle, Marie Dewigne, était porteuse d'une déception autour d'un amour interrompu, peut-être trompé. Les souffrances vécues par elle durent rester muettes à cause du caractère honteux de la situation. Être fille-mère au début du siècle, pour une jeune femme qui travaillait chez des nobles, était loin d'être facile ! Marie Dewigne garda donc pour elle ses souffrances, son amour... et éventuellement son ressentiment![2]. En plus, du fait que ces événements impliquaient un tiers dont le nom devait rester secret (et peut-être même ce silence faisait-il l'objet d'un accord en contrepartie du

---

[1]. Benoît Peeters, *Le Monde d'Hergé*, Casterman, Bruxelles, 1983.

[2]. C'est le résultat de ce mécanisme que Nicolas Abraham a appelé un « incorporat » (in *L'écorce et le noyau*, Aubier, Paris, 1978). Voir infra, 3e partie.

mariage arrangé avec l'ouvrier du nom de Remi et de la sollicitude de la baronne de Dutzeel pour les deux enfants), ces réactions furent isolées à l'intérieur d'elle-même, comme dans de véritables « vacuoles psychiques » solidement verrouillées et défendues d'accès [1]... Mais un tel aménagement de la personnalité de Marie Dewigne provoqua, par contrecoup, un ensemble de distorsions dans sa communication, en particulier avec ses deux enfants, les « enfants du secret ». Ces distorsions marquèrent leur monde symbolique d'une manière définitive, et elles se répercutèrent ensuite sur les relations que chacun d'entre eux entretint avec ses proches, c'est-à-dire, pour Alexis, son épouse et ses enfants ! [2]. Enfin ce sont ces perturbations dont Hergé aurait tenté de se débarrasser en mettant en scène, dans son œuvre, le secret initial, celui d'un fils bâtard non reconnu par son père. C'est-à-dire en mettant en scène, de façon inconsciente et presque totalement cachée, l'histoire familiale à l'origine d'un doute sur son propre patronyme.

La Castafiore séduite et abandonnée

L'hypothèse que je faisais en 1985 – que *Tintin* témoigne d'un secret de filiation du côté de l'ascendance maternelle de Hergé – est donc exacte... à une

---

1. C'est le résultat de ce mécanisme que Nicolas Abraham a appelé une « crypte ».
2. C'est le résultat de ce mécanisme que Nicolas Abraham a appelé un « fantôme ».

génération près ! Ce n'est pas la mère de Hergé qui souffre d'un tel événement – ou en tout cas rien ne permet de l'affirmer, ni dans l'œuvre de son fils, ni à partir de ce que nous savons d'elle – mais la mère de son père, Marie Dewigne. Et Haddock aux prises avec la Castafiore représente non seulement Hergé lui-même aux prises avec l'image d'une mère inattentive, mais surtout son père Alexis aux prises avec la sienne. En effet, cette femme qui accumule les quiproquos et prête à Haddock tous les noms sans jamais lui donner le sien est l'image caricaturale de Marie Dewigne elle-même : femme embrouillée parce que prisonnière d'un secret et incapable de restituer à Alexis-Haddock sa véritable identité, le nom caché de son géniteur. D'ailleurs la cantatrice apparaît dans *Le Sceptre d'Ottokar* en même temps que le seul personnage royal de toutes les *Aventures*, et surtout dans le même album que l'explication capitale donnée par Hergé de la signification des trois lettres K, A et R. Quant au choix de l'identité scénique de la Castafiore, il est lui aussi étonnant. L'image de la chanteuse est inséparable de celle du personnage sous lequel son succès s'est imposé au monde : la Marguerite du *Faust* de Gounod. Intéressons-nous alors d'un peu plus près au livret de cet opéra.

Marguerite est une femme issue d'un milieu modeste qui tombe amoureuse d'un beau jeune homme qu'elle croit être un prince. Hélas, il s'agit de Faust rajeuni par le diabolique Méphisto. Celui-ci cache dans le jardin de Marguerite un coffret de bijoux qu'elle découvre et dont elle se pare. Le fameux air (« Ah, je ris de me voir si belle en ce miroir ») correspond à un intense bonheur pour elle, la certitude de pouvoir séduire Faust. Elle continue en chantant :

> « *Ah, s'il me voyait ainsi,*
> *il me trouverait belle,*
> *comme une demoiselle,*
> *comme la fille d'un roi*
> *qu'on salue au passage...* »

Les bijoux découverts par la vierge Marguerite dans son jardin sont donc le moyen qu'elle imagine pour se rapprocher d'un homme qu'elle vit comme très au-dessus de sa condition... Mais cette coïncidence entre l'histoire de Marie Dewigne et celle de la Marguerite de *Faust* en anticipe une autre, autrement plus importante. Acceptant la séduction de Faust rajeuni, Marguerite devient en effet enceinte de lui, bien entendu en dehors de tout lien conjugal. Et elle se retrouve finalement accusée d'avoir tué son enfant – autrement dit d'avoir fait disparaître son bijou ! – avant de sombrer dans la folie où nous la révèle l'ultime scène de l'opéra. Ce destin n'est-il pas une version dramatisée de celui de la mère du père de Hergé, séduite puis abandonnée par un homme d'une condition sociale très supérieure à la sienne ? Mais le choix de « l'air des Bijoux » témoigne peut-être encore d'une autre préoccupation de Hergé. Par rapport à ce que sont la solitude et la détresse de Marguerite abandonnée par Faust, « l'air des Bijoux » témoigne d'un moment de joie et d'amour intense. Or, si la vie de la mère du père de Hergé ne fut pas aussi dramatique que celle de Marguerite, on peut imaginer qu'elle ne fut pas dénuée de souffrance et de remords. Abandonnée par l'homme à qui elle s'était donnée, elle fut ensuite mariée par convenance à un ouvrier qui l'abandonna à son tour. Et il est probable que cette histoire, forcément connue dans son entourage, lui valut de la jalousie (n'avait-elle pas eu deux enfants d'un « Monsieur » distingué, deux enfants dont une baronne continua à se préoccuper jusqu'à leurs quatorze ans ?), mais aussi de la haine, et des condamnations morales. Si on admet que les fantasmes à l'œuvre dans cette partie des *Aventures* ne sont pas ceux de Hergé lui-même, mais ceux de son père qu'il tente de dénouer, on voit mieux alors l'importance de l'air joyeux de Gounod. L'amour l'un pour l'autre de ses géniteurs constitua pour Alexis, comme cela est assurément pour chacun d'entre nous, un fantasme essentiel. Comment vivre en effet si on ne peut pas croire que les parents se sont aimés, au moins dans le moment du rapport sexuel dont on est soi-même né ? Si la Castafiore ressasse sans cesse l'air le plus joyeux de Marguerite, c'est peut-être bien comme la preuve nécessaire du bonheur imaginé par Alexis à la rencontre dont il est issu ! Un bonheur auquel il a certainement eu d'autant plus besoin de croire qu'il lui permettait de préserver une image positive de cette mère face aux incertitudes où il était de son histoire. Par ce fantasme de la joie maternelle, Alexis se confirmait en quelque sorte dans l'idée que sa mère s'était bien donnée par amour, dans l'allégresse... et peut-être, pourquoi pas, dans une jouissance dont les vocalises omniprésentes de la Castafiore seraient le témoignage déplacé...

Mais peut-être certains ne voudront-ils voir dans ces coïncidences que le résultat du hasard ? À ceux-là, je proposerai encore deux fragments des *Aventures*.

Dans *L'Affaire Tournesol* tout d'abord, lorsque Tintin et Haddock rendent visite à la cantatrice dans sa loge, celle-ci, qui vient de jouer l'opéra de Gounod, les accueille avec la robe qu'elle porte au début – celle de l'« air des Bijoux » – en déclarant : « Pour recevoir mes admirateurs, j'ai remis la plus belle robe de Marguerite [1]. » Comment Hergé, au courant des changements de costume de Marguerite et de leur signification dramatique, aurait-il pu ignorer quoi que ce soit du livret de cet opéra ? Tout comme l'« air des Bijoux » lui-même, la robe du début, si souvent portée par la Castafiore, est destinée à commémorer la joie de la rencontre amoureuse, robe de fiançailles pour des noces que la suite a révélées impossibles.

L'autre fragment se trouve dans *Les Cigares du Pharaon*. Le savant Philémon Siclone qui a perdu la raison à la suite d'une piqûre de Radjaïdjah, le fameux poison-qui-rend-fou, est retrouvé par Tintin, errant dans la forêt, en train de chanter : « Sur la mer calmée, monté une fumée... [2] » Or cet air est extrait de *Madame Butterfly*, un autre opéra racontant l'histoire d'une femme – une très jeune Japonaise cette

---

1. *L'Affaire Tournesol*, p. 53.
2. *Les Cigares du Pharaon*, p. 36.

fois – également séduite et abandonnée, et qui finira par mourir de chagrin après avoir eu un enfant d'un homme qu'elle ne reverra jamais...

On voit mieux alors, avec quels secrets et quelles questions Hergé eut à se débrouiller : né d'un père dont le véritable père était inconnu – ou dont l'identité était connue mais indicible –, il « hérita » en quelque sorte des questions de celui-ci. C'est-à-dire que son enfance fut inévitablement marquée par les effets de ces questions chez son père. On peut en particulier imaginer quelles tensions intérieures et quels conflits psychiques mobilisa chez le père de Hergé – et par contrecoup chez son épouse – l'annonce qu'un enfant allait leur naître, puis la naissance du garçon, compte tenu de sa propre histoire. Mais parallèlement, on peut imaginer qu'Alexis ait fini par connaître l'identité de son géniteur, et qu'il se soit astreint, à son tour, à la garder secrète. L'hypothèse n'est pas exclue bien que rien, à mon avis, dans l'œuvre de Hergé, n'en témoigne. En tout cas, rien n'empêche que les effets sur un enfant d'un secret indicible chez un parent se cumulent avec ceux que le parent transmet à son insu du fait d'un secret chez l'un de ses propres parents. Hergé aurait eu alors affaire à deux séries de perturbations dans la communication familiale : les perturbations liées aux effets du secret de Marie Dewigne sur Alexis, et les perturbations liées aux efforts de celui-ci pour garder le secret à partir du moment où il aurait été mis dans la confidence. Enfin, à ces effets de secret en première ou en seconde génération, il faut ajouter les blessures dont le père et l'oncle de Hergé eurent certainement à souffrir du fait de cette situation : la bâtardise des jumeaux, probablement connue de l'entourage, dut leur attirer de la part des autres enfants des propos pour le moins pénibles... Il est inévitable que cette souffrance, en imprégnant l'enfance d'Alexis, ait rejailli de quelque manière sur son fils.

Et d'ailleurs, si Hergé parvint finalement à se libérer dans son œuvre du poids de cette histoire familiale, comment son géniteur, lui, s'en accommoda-t-il ?

Alexis et le secret maternel

Les seules informations officielles dont nous disposions sur Alexis Remi, le père de Hergé, se trouvent dans l'ultime interview que son fils donna à Benoît Peeters en décembre 1982, quelques mois avant sa mort. Il est difficilement imaginable que Hergé – qui connaissait à ce moment-là la gravité de sa maladie et savait qu'il allait mourir – n'ait pas eu à cœur de témoigner de la vérité de ses origines tout en respectant le secret familial. Ne serait-ce que parce que ce secret n'était pas seulement honteux – une bâtardise masquée par un mariage arrangé –, mais aussi glorieux – des ascendances illustres, et qui pouvaient facilement, compte tenu de l'identité de la baronne de Dutzeel, être imaginées nobles –.

Alexis fut, nous dit Hergé « un homme triste et qui travailla sa vie entière comme employé dans une

Tintin et les secrets de famille

maison de confection pour garçonnets [1] ». Mais cette tristesse affichée par Alexis ne correspondait-elle pas justement à celle qu'il tentait d'imaginer à son propre géniteur pour assurer le détachement d'avec lui [2] ? En d'autres termes, ne s'identifiait-il pas ainsi, imaginairement et à son insu, à ce père secret tel qu'il lui était essentiel de se le représenter pour s'en détacher, affecté par sa paternité non reconnue autant que son fils pouvait l'être de sa filiation occultée ? Quant à l'exercice de son métier – et même si un tel choix obéit toujours à des déterminations nombreuses, en particulier sociales et économiques –, on peut se demander s'il ne lui a pas permis de réaliser une autre forme d'identification imaginaire à la personne de ce père inconnu qui le hantait. En effet, le cadeau régulier des « beaux vêtements » offerts par la baronne de Dutzeel était le signe indispensable de l'ascendance illustre des jumeaux, mais aussi l'unique témoignage de l'affection paternelle que ceux-ci pouvaient imaginer à leur origine. Et sur ce modèle, les vêtements confectionnés par Alexis pourraient bien avoir constitué le support privilégié d'un fantasme essentiel, la mise en scène du plaisir imaginé par ce père au cadeau des vêtements. À travers le métier d'Alexis, le travail du secret aurait produit une mise en acte dont le sens aurait été : « Un père montre son affection en offrant des vêtements pour garçonnets

---

1. Benoît Peeters. *op. cit.*
2. Sur cet aspect essentiel de la problématique de séparation, voir *Tintin chez le psychanalyste*, dernier chapitre, et surtout *Psychanalyse de la bande dessinée*, PUF, Paris, 1987.

à ses jeunes fils. » Une mise en acte dont on imagine l'importance, tant pour le fils que pour la mère...

D'ailleurs, la manière, plusieurs fois soulignée par Hergé, dont Alexis et Léon cultivaient leur ressemblance vestimentaire, pourrait bien constituer elle aussi une espèce de commémoration. Puisque le cadeau rituel des vêtements, *vraisemblablement identiques pour les deux jumeaux, comme cela se faisait alors*, était l'unique preuve tangible de l'affection du géniteur secret, les deux frères en ont préservé le souvenir à travers la répétition de leur similitude.

Ainsi, faute de pouvoir organiser dans une œuvre le questionnement qui le hantait, c'est dans sa vie même qu'Alexis pourrait en avoir esquissé la réalisation : par sa tristesse, qui était sans doute pour une part celle qu'il se plaisait à imaginer à son géniteur du fait de la distance qui les avait toujours séparés, et par l'attention portée aux vêtements à travers lesquels il pouvait imaginer que ce père témoignait son attachement à ses deux fils non légitimés.

Mais Hergé nous apporte encore sur son père, dans cette interview pourtant très brève, une information essentielle. Une information susceptible de nous faire comprendre la dynamique inconsciente mobilisée par le dessin pour le créateur de *Tintin*. Hergé nous dit en effet d'Alexis l'animation et le plaisir qui le prenait parfois à dessiner devant lui des vêtements pour enfants [1]. J'ai montré ailleurs le rôle joué par le dessin dans l'approche de la séparation et la manière dont il

---

1. Benoît Peeters, *op. cit.*

permet, mieux que toute autre activité d'expression, la reviviscence et l'élaboration des enjeux psychiques qui sont liés à celle-ci [1]. Quant au contenu de cette activité graphique – « des vêtements pour garçonnets » –, il rejoint certainement la motivation à l'œuvre dans le choix de son métier par Alexis. En faisant à son fils aîné le cadeau du dessin de vêtements pour garçonnets, il répétait de façon symbolique le cadeau des vêtements – censés porter l'amour de son géniteur – qui avait animé sa propre enfance. Et même si c'est la réussite de Hergé comme dessinateur qui a donné après coup pour lui une telle importance au souvenir du plaisir pris par son père à dessiner, la portée de cette confidence reste considérable, et d'abord pour Hergé qui nous l'a faite. Elle montre combien il est important pour un fils de pouvoir préserver le souvenir d'un plaisir partagé avec son père, autrement dit d'une rencontre empathique entre eux. Faute d'autres zones sensibles de communication (comme ce fut le cas pour Hergé et, plus encore, pour son père avec son propre père inconnu), c'est la matière privilégiée de leur rencontre qui est chargée du rôle de contenir les émotions attachées au disparu et d'assurer en quelque sorte l'indispensable fidélité à son souvenir. Dans le cas d'Alexis, ce sont les vêtements qui auraient acquis cette valeur du fait du plaisir imaginé par le fils à son père à ce cadeau ; et dans le cas de Hergé, ce pourrait bien être le dessin lui-même [2].

1. *Psychanalyse de la bande dessinée.* PUF, Paris, 1987.
2. Se trouverait-on, ici, en présence de l'instauration nécessaire d'une filiation imaginaire en l'absence de tout projet parental explicite ? Serait-ce avec sa mère que, pour une fille,

Tintin, un drame familial

Hergé et le choix du dessin

À partir du matériel fourni par sa dernière interview, de ce que nous ont appris Smolderen et Sterckx, et de nos propres recherches sur le graphisme, il est maintenant possible de mieux comprendre l'importance du dessin pour Hergé. Tout d'abord, parce qu'il permet de « dire » sous une autre forme ce que les mots doivent laisser tu, le dessin lui aurait permis d'explorer le secret familial indicible des Remi. Ensuite, parce qu'il permet l'approche de la douleur de séparation imaginée à l'autre, le dessin lui aurait facilité la séparation d'avec ses propres parents, séparation d'autant plus difficile que ceux-ci étaient isolés dans leurs préoccupations secrètes [1]. Enfin, à cause du plaisir pris à dessiner des « vêtements pour garçonnets » que lui avait montré son père, l'activité graphique de Hergé lui aurait permis de rencontrer

---

une telle expérience structurante devrait se dérouler ? En tout cas, cette approche montre combien il est nécessaire, pour comprendre le devenir des enfants, de faire intervenir au moins trois types de transmission entre leurs parents et eux : une transmission consciente dont le moteur est l'imitation ; une transmission inconsciente, dont le moteur est le désir de correspondre au projet de l'autre sur soi ; et une transmission d'inconscient, dont le moteur est la tentation à laquelle est soumis l'enfant de mettre en scène et d'incarner à travers sa propre vie des failles du psychisme parental. Tentation liée au désir de soulager le parent, de permettre ainsi qu'il s'aime lui-même, et qu'il soit du même coup plus disponible à l'enfant (sur le détail de ce mécanisme, voir infra, 3ᵉ partie).

1. Ces deux premiers points sont développés dans *Tintin chez le psychanalyste, op. cit.*

imaginairement à la fois celui-ci et son grand-père secret. Lorsqu'il dessinait, Hergé était en quelque sorte Alexis lui-même – ou plutôt sa main qui dessinait était celle de son père miraculeusement restituée à son regard d'enfant – ; tandis que la jubilation de ce père avec lequel il était alors partiellement confondu consommait aussi les retrouvailles de celui-ci avec son propre père inconnu et illustre.

Pourtant, Hergé fit un pas de plus. Un pas que rien ne laissait prévoir. Comme Tintin dans *L'Étoile mystérieuse*, il se lança à la rencontre de « l'astre » noble dont s'étaient détachés les deux frères bâtards, à la recherche d'une vérité à demi engloutie et à demi apparente comme l'astéroïde. Et pour cela, son aventure à lui fut celle de la création. En effet, il utilisa le dessin pour explorer, révéler, symboliser et finalement dénouer les fantasmes de son propre père dont l'expression émotionnelle et verbale s'était trouvée bloquée par la situation familiale, et dont il avait vécu, lui son fils, les effets. Semblable en cela à un psychanalyste, il s'employa à démonter et remonter les diverses pièces du puzzle qui bloquaient les possibilités d'élaboration symbolique de son père, et par contrecoup les siennes. Mais, à la différence d'un psychanalyste, il n'accomplit pas ce travail avec des mots et en toute conscience, mais à travers une expression symbolique utilisant l'image et à son propre insu. Condamné à être le porteur anonyme du secret indicible d'un autre, il sut créer un héros au visage inexpressif et vide que l'environnement modèle, à l'image de tout nouveau-né qui met à l'intérieur de lui les fantasmes de ses parents en même temps que l'ensemble de ce que ces derniers lui apportent. Il imagina ce héros sans père et le lança à travers le monde, comme pour le faire échapper en permanence à la menace d'un accaparement par une mère seule et déprimée. Mais c'est sur un autre personnage – Haddock – qu'il déplaça la mise en scène de cette situation en le soumettant aux prises et surprises permanentes d'une mégère aussi indiscrète que distraite, la Castafiore. En même temps, grâce à l'allusion à la Marguerite de *Faust*, il figea cette femme dans le souvenir vocal exaltant de son attente amoureuse comme pour exorciser la fin dramatique de son amour déçu. Enfin, il imagina la double réconciliation d'un fils avec son père, puis avec sa mère, avant de donner, avec les *Bijoux*, une illustration parodique de la vie de famille. La recherche de Hergé et l'aventure intérieure qu'elle anima prirent ainsi la forme d'une œuvre. Une œuvre qui ne « reflète » pas l'inconscient de son auteur, mais qu'il construisit justement comme une réponse à une question psychiquement insoluble gravée en lui par un secret familial inaccessible. Une œuvre où se dessina peu à peu une pensée qui n'aurait eu aucune autre existence sans elle, et où tente de se résoudre le mystère autour duquel il avait été, dans son enfance, condamné à fantasmer bien malgré lui. Est-ce pour cela qu'il contraignit son héros, Tintin, à un travail permanent de compréhension du monde et de redressement de ses injustices, à l'image de son propre travail psychique de créateur, condamné sans trêve ni repos à réaliser la réconciliation imaginaire des figures de son histoire généalogique au-delà des secrets cachés ? En tout cas, il fit de ce héros son fils unique et chéri et décida très vite, de son propre aveu, de lui consacrer le meilleur de lui-même. Et il n'hésita pas non plus à introduire dans son œuvre une exacte réplique de la gémellité qui unissait l'un à l'autre les deux frères bâtards, Alexis et Léon.

Dupond et Dupont

Le rôle joué dans la création des Dupond et Dupont par le père et l'oncle de Hergé ne fait pas de doute. Celui-ci l'a d'ailleurs souligné lui-même à plusieurs reprises en indiquant le souci qu'avaient les deux jumeaux, Alexis et Léon, de cultiver leur ressemblance jusqu'au comique, au point d'être surnommés par quelque voisin facétieux « les Dupondt en personne » ! Mais n'aurait-il pas été plus conforme à cette inspiration familiale d'affubler les deux policiers de deux prénoms différents, voire de deux prénoms en miroir l'un de l'autre ? J'ai, dès 1987, et avant les découvertes de Smolderen et Sterckx, attiré l'attention sur la question ouverte par la différence introduite dans l'orthographe des patronymes des deux jumeaux, Dupond et Dupont [1]. Cette différence inexplicable, et que la minutie hergéenne donne pour être calculée, m'était alors apparue comme un nouveau signe de la question d'une filiation non reconnue chez l'un des

---

1. Voir Serge Tisseron, *Hergé*, Seghers, Paris, 1987.

ascendants de l'auteur. Comment se nomme en effet le père des jumeaux policiers ? Est-ce Dupond… ou Dupont ? Les jumeaux n'auraient-ils pas finalement deux pères ? Aujourd'hui, après la parution de l'ouvrage de Smolderen et Sterckx, il n'est pas difficile de voir dans cette orthographe la mise en scène visuelle – par un travail identique à celui du rêve – du secret familial autour des « deux pères » de Alexis et Léon, le géniteur secret et l'ouvrier agricole Remi. Mais ces révélations permettent aussi de soulever une question que, faute du moindre élément de réponse, et tant elle pouvait paraître scandaleuse, j'hésitai à soulever en 1985 : si les Dupond et Dupont sont bien la caricature dérisoire et grotesque du père et de l'oncle de l'auteur – ce qui ne fait absolument aucun doute –, comment expliquer qu'un homme aussi respectueux des principes moraux et familiaux que le fut Hergé ait pu s'engager dans cette voie ? Car les Dupondt ne sont pas seulement ridicules par leur apparence et le souci de ressemblance qui les anime, tout comme pouvaient l'être Alexis et Léon. Ils sont surtout, de l'aveu même de Hergé, l'incarnation de la bêtise. Une bêtise à laquelle l'auteur aurait donc donné sciemment l'apparence de son géniteur et de son oncle ! Question scandaleuse en effet – et il ne faut pas s'étonner que personne n'ait jusqu'ici osé la poser – mais à laquelle il est maintenant possible de répondre. Car que sont en effet les Dupondt, au-delà de leur statut d'enquêteurs professionnels, sinon deux êtres piégés dans la recherche forcenée d'une vérité condamnée à leur échapper sans cesse ? Et à quels obstacles se heurtent-ils dans leurs recherches, sinon à leur incapacité essentielle de pouvoir appréhender le monde selon l'ordre des symboles ? Dans leurs multiples enquêtes, ils n'évitent en effet aucun des pièges que le langage tend à l'enfant. Ainsi, soucieux de passer inaperçus dans un pays étranger, ils confondent le vêtement quotidien de ses habitants avec leur costume folklorique et, en endossant celui-ci, attirent sur eux tous les regards... Encore une histoire d'identité qu'on veut cacher et que les vêtements révèlent ! Les Dupondt montrés du doigt à cause de leurs habits, n'est-ce pas l'équivalent des jumeaux Alexis et Léon certainement montrés du doigt à cause de leur gémellité... mais sans doute aussi à cause des « beaux vêtements » offerts par la baronne et qui, en contrastant avec leur origine modeste, pouvaient les faire désigner comme « bâtards » ? De même, dans *Le Trésor de Rackham le Rouge,* les Dupondt actionnent toute la nuit la machine destinée à alimenter en air le scaphandrier parce que le capitaine leur a dit « de ne pas s'arrêter tant qu'il ne leur en donnerait pas l'ordre ». Ainsi l'enfant obéit-il bien souvent « à la lettre » à la consigne qui lui a été signifiée par l'adulte faute d'en comprendre totalement le sens. Dans *Le Temple du Soleil,* et comme ils ont décidé d'utiliser les méthodes de la radiesthésie pour retrouver leurs compagnons, ils descendent dans une mine de charbon quand leur pendule indique que les héros sont « au plus bas » et se retrouvent en auto-tamponneuse quand il indique qu'ils sont « très secoués » ! Dans *Objectif Lune,* c'est leur propre image aperçue derrière un écran radiographique qu'ils prennent pour le coupable, jusqu'à arrêter... le squelette du laboratoire ! Puis, ayant décidé de protéger la fusée lunaire contre toute tentative de sabotage, ils confondent les horaires du matin avec ceux de l'après-midi, et se retrouvent embarqués par erreur dans le vol spatial, etc. On pourrait inutilement allonger la liste de ces exemples. Leur sens est toujours le même. Les Dupondt confondent constamment le mot et l'image. Et, à l'inverse de Tintin dont les mots organisent la compréhension symbolique du monde, ils paraissent, eux, totalement incapables d'accéder à cet ordre. Mais les efforts dérisoires et vains qu'ils déploient sur cette voie sont bien autre chose que le signe accablant de leur congénitale – ou professionnelle ? – bêtise. Ils sont l'exacte réplique des efforts, eux aussi dérisoires, faits par un petit enfant dans son approche du contenu d'un secret familial. À l'image de ces enfants curieux qui tentent, à force de questions et d'hypothèses, de percer le sens de ce qu'on leur cache, les Dupondt s'emmêlent et choient dans le ridicule, victimes de la moquerie de Haddock autant que de celle du lecteur. Et leur fameux « je dirais même plus », suivi d'une affirmation toujours cocasse, ne résonne-t-il pas lui-même comme l'écho caricatural du « je t'ai déjà dit que... », suivi d'une explication embarrassée et confuse, de la part d'un parent gêné par une question enfantine portant sur un secret ? Or il appartient aux failles dans le système des repères symboliques des parents de rebondir sur l'ensemble des possibilités de compréhension du monde par l'enfant. Et d'autant plus lorsque le secret qui est à leur origine concerne l'identité d'un géniteur, et donc son patronyme, comme ce fut le cas pour Alexis et Léon.

Ainsi les Dupond et Dupont sont-il porteurs, mieux que tout autre personnage de la saga hergéienne, du secret douloureux de la famille Remi. Par l'ambiguïté de leurs patronymes, ils témoignent de la question du nom du géniteur des deux jumeaux, et par leurs comportements, ils attestent des efforts de compréhension et d'organisation du monde qui ont dû être ceux d'Alexis et de Léon, soumis au secret du fait des préjugés de leur mère. Des efforts qui pourraient bien, à l'image de ceux des deux détectives, être restés vains. Qu'en surent-ils en effet, finalement, de l'identité de ce père secret ? Et n'est-ce pas justement pour échapper à la morsure d'une question insoluble dans la réalité que Hergé aurait décidé d'en réaliser la mise en scène et la résolution dans une œuvre d'imagination ? D'autant plus qu'au-delà du caractère de « fantaisie » que ce mot appelle – le monde des choses « imaginées » s'opposant traditionnellement à celui des choses « réelles » – les images jouent un rôle essentiel dans la tentative de cerner, et de combler, les lacunes provoquées dans le système psychique par le secret inavouable d'un autre. L'exploration d'un secret est en effet obligée d'emprunter le chemin des images lorsque les mots qui le scellent sont interdits. C'est pourquoi, avant de préciser la dynamique des « secrets de famille » et leurs conséquences sur la vie quotidienne et la création, envisageons d'abord comment

Tintin, un drame familial

images et textes s'articulent dans la bande dessinée – et en particulier chez Hergé – pour nous révéler les chemins cachés d'un drame dont l'auteur ne fut pas l'agent, mais seulement le porteur.

Deuxième partie

PROCÉDÉS NARRATIFS ET MISE EN SCÈNE DES MOTS DU SECRET

Si nous comprenons mieux, maintenant, pourquoi Hergé a choisi le dessin parmi d'autres moyens d'expression, il nous reste à préciser comment il l'a utilisé. C'est-à-dire selon quels mécanismes les mots cachés du secret ont été remaniés et mis en scène d'une manière acceptable pour chacun des protagonistes de l'histoire familiale. La différence de patronyme des deux Dupondt, en soulevant la question de l'identité du « père des jumeaux » tout en ne dévoilant rien du secret de la famille Remi, est une telle transformation. Mais nous allons voir que bien d'autres interviennent. Et surtout que Hergé lui-même a introduit dans son œuvre des indices de leur présence.

Langages de mots et langage d'images dans le secret

Tout d'abord, il nous faut constater que *Les Aventures de Tintin* sont parcourues par une spécificité que seule la bande dessinée permettait à Hergé de pousser aussi loin : un héros central dénué de toute identité propre, mais qui rentre en opposition permanente avec des personnages fortement typés, tant sur le plan de l'apparence que sur celui du langage. En effet, Tintin est un héros vide : son visage est réduit à quelques traits, son âge est indéterminé – il n'est vraiment ni enfant, ni adolescent, ni adulte –, son métier est à peine esquissé et très vite oublié, et jusqu'à son sexe même qui est indécis... Cette vacuité, bien sûr, a beaucoup contribué au succès de ses aventures en permettant à chacun de ses lecteurs de sept à soixante-dix-sept ans – et même à ses lectrices ! – de s'identifier à lui le temps d'une lecture. Mais elle est aussi particulière aux possibilités du genre que Hergé a choisi et qu'il a d'ailleurs en grande partie contribué à créer : il est beaucoup plus difficile d'imaginer un tel héros en littérature ou au cinéma !

À l'inverse, et alors qu'il existe plutôt par ce qui lui manque que par ce qu'il possède et qui pourrait faire image, Tintin rencontre des personnages caricaturaux : un couple d'inspecteurs bornés, une cantatrice narcissique et insupportable, un professeur fluet, génial, sourd et distrait, et bien entendu, le capitaine Haddock. Plus encore, bien avant l'apparition de ces futurs compagnons, c'est déjà dans une opposition que le jeune reporter est situé. Dans *Tintin au Congo*, il est en effet d'emblée, et tout au long de l'album, placé en parallèle avec le passager clandestin dont il finira d'ailleurs, dans un ultime stratagème, par revêtir

Procédés narratifs et mise en scène des mots du secret

l'identité et l'apparence[1]. Tous deux ont le même visage rond et la même silhouette, mais l'un est blond et glabre tandis que l'autre est brun et barbu, préfigurant d'ailleurs en cela le capitaine à venir. Et leurs comportements s'organisent en deux séries opposées : l'un se montre, l'autre se cache ; l'un voyage officiellement sur le pont, l'autre secrètement dans les cales ; l'un aime les animaux, l'autre les hait, etc. C'est cette opposition qu'on retrouvera dans les albums ultérieurs à travers la complémentarité de Tintin et de Milou, puis à travers celle de Tintin et de Haddock. Mais elle est déjà si précisément posée (faut-il dire « si mathématiquement ? ») dès le début du *Congo*, qu'on peut se demander si ce n'est pas pour cette raison que Hergé aurait tenu à faire débuter officiellement la série des *Tintin* par cet album plutôt que par les *Soviets*. D'autant plus qu'en dépit des explications officielles et des modifications successives qui leur ont été apportées, les aventures africaines de Tintin contiennent un racisme bien aussi choquant que l'antisoviétisme des aventures russes dont Hergé refusa la réédition pendant près d'un quart de siècle.

Avec l'apparition de Haddock, l'opposition tant physique que morale de Tintin avec un autre héros est non seulement maintenue, mais accentuée. En effet, tout comme le passager clandestin, le capitaine est brun et barbu ; et tout comme lui, au moins au début, il est coléreux, violent, et menaçant pour la vie

---

1. *Tintin au Congo*, p. 51.

de Tintin. Mais Haddock présente aussi une caractéristique totalement nouvelle. Ce sont ses fameux jurons ! Car en les proférant, le capitaine ne révèle pas seulement son caractère à l'emporte-pièce et son goût pour le monde argotique. Il témoigne aussi de sa confiance dans les vertus métaphoriques de la langue. Dans sa bouche, des mots tels que « bachi-bouzouk », « iconoclaste », « va-nu-pieds » ou « pacte à quatre » perdent toute référence à leur sens littéral pour résonner comme autant de pures images de la malhonnêteté, de la honte ou de l'infamie... D'ailleurs, l'apparence même de Haddock n'est-elle pas, dès son apparition – et là encore en totale opposition avec l'apparence neutre de Tintin – évocatrice d'images ? Celles d'aventures maritimes et solitaires, d'alcoolisme et de dangers quotidiennement affrontés ? Ainsi, dans les *Aventures*, l'apparition de Haddock renforce-t-elle la série des oppositions entre lesquelles se partagent Tintin et les autres héros par l'établissement d'un clivage à l'intérieur même des possibilités de la langue. D'un côté, le reporter lisse et net, tant sur le plan physique que moral, incarne les vertus du langage logique chargé de symboliser le monde, c'est-à-dire de le représenter pour le comprendre et le maîtriser. Tandis que de l'autre côté, Haddock incarne les pouvoirs magiques des mots, ceux dont ils restent chargés dans les métaphores et les dictons, mais aussi dans les superstitions et les malédictions. Et de même que, pour le petit enfant, le monde des images et celui de la parole se juxtaposent d'abord avant de se correspondre partiellement, ces

Procédés narratifs et mise en scène des mots du secret

deux personnages chargés des pouvoirs contradictoires du langage finiront par nouer une relation de familiarité... Une relation qui préludera à une exploration familiale, justement à la recherche des mots d'un secret... Ainsi tout se passe comme si Hergé, lancé dans un travail de mise en œuvre des questions généalogiques qui le hantaient, avait pris soin d'assurer d'abord l'alliance du discours rationnel et du discours imagé à travers celle des deux héros qui les incarnent.

Or cette opposition entre deux formes de discours – le discours rationnel explicite, et le discours imagé qui le déborde de toutes parts – est au cœur de toute problématique transgénérationnelle. Car la logique de tout secret est de reposer sur des mots cachés. Des mots qui, de ce fait, ne peuvent faire retour que de manière détournée. Par d'autres mots, mais aussi par des images. Puisque s'il est toujours interdit de raconter un secret, il n'est jamais interdit de le mettre en scène, comme le montre bien, au théâtre, la pièce jouée par Hamlet devant son beau-père meurtrier où se trouve raconté le meurtre indicible de son propre père...

Mais avant d'envisager cette place de l'image dans le dévoilement des secrets de famille, précisons encore les différentes manières dont Hergé, dans les *Aventures de Tintin*, nous met sur la voie d'un tel problème. Des manières qui sont aussi les différentes voies que j'ai suivies, dans *Tintin chez le psychanalyste*, pour émettre mes hypothèses.

Tintin et les secrets de famille

À la rencontre du désir créatif

Dans la bande dessinée, l'élément de base de la chaîne narrative, la case, entre non seulement en relation avec l'ensemble des autres cases, mais elle est elle-même un mixte de textes et de dessins. C'est-à-dire que chacun de ses éléments pris séparément – textes ou dessins – peut entrer en relation avec chacun des éléments correspondants des autres cases. Cette particularité rend impossible toute tentative de traduction directe et isolée de certains éléments d'une image, et oblige, dans l'analyse d'une bande dessinée, à l'exploration concomitante de deux séries d'ensembles : ceux auxquels chaque case participe en tant qu'élément de base pour constituer l'aventure, et ceux des éléments qui constituent chacune d'entre elles.

Tout d'abord, donc, chaque case renvoie à toutes les autres : celles de la page, de l'album, et même de l'ensemble des albums mettant en scène une même série de personnages ; mais aussi celles, virtuelles, dont l'absence peut faire signe bien plus efficacement qu'une représentation directe. Ainsi le père illustre du chevalier de Hadoque n'est-il jamais représenté, mais cette absence, combinée à d'autres indices, devient évocatrice d'un secret à préserver.

Par ailleurs, cet élément de base, la case, est lui-même constitué d'éléments disparates, textes, dessins et onomatopées. Certains de ces éléments concernent directement la narration, comme les indications

Procédés narratifs et mise en scène des mots du secret

d'action et d'intention des personnages. Mais d'autres semblent ne jouer aucun rôle dans l'aventure et se trouver là de façon arbitraire. Le fait que ces informations soient disponibles tout en ne jouant qu'un rôle minime, voire nul, dans la narration, leur donne une valeur comparable dans l'approche de l'inconscient à celle des détails du rêve. Ces détails, insignifiants pour leur caractère narratif, ont toutes les chances de donner accès aux enjeux souterrains de l'œuvre, c'est-à-dire en définitive aux moteurs du désir créatif dont la représentation est tenue à l'écart de la conscience. Je vais tenter de systématiser l'approche de ces matériaux selon trois axes complémentaires : les différentes formes de répétitions présentes dans le dessin, dans le texte, ainsi que dans leurs interférences ; les informations abandonnées en chemin ; enfin et surtout, la capacité du texte à faire parfois image, et ceci sans aucune nécessité narrative.

Répétitions et démentis

La difficulté des répétitions réside dans leur abondance même. En effet, les détails inutiles dans le cours de la narration constituent une grande partie du matériel fourni par chaque case. C'est pourquoi leur importance ne peut être dégagée qu'en relation avec les deux autres sources d'information sur l'affleurement du matériel inconscient dans l'œuvre que nous examinerons plus loin. Rappelons-en ici quelques exemples.

Tintin et les secrets de famille

Exemples de répétition dans le dessin. La ressemblance du sous-marin de Tournesol avec un requin, en s'ajoutant aux multiples rôles joués par cet animal dans les *Aventures*, contribue à attirer l'attention sur ce mot. De même, les multiples apparitions du portrait et du fétiche du chevalier de Hadoque dans les *Bijoux de la Castafiore* mettent sur la trace d'une résurgence de la problématique de filiation dans cet album [1].

Exemples de répétitions dans le texte. Elles peuvent être phonétiques, comme l'insistance des sons K, A et R commentée plus haut. Elles peuvent aussi concerner une phrase entière, comme la formule du serment du capitaine à la fin du *Temple du Soleil*, identique au juron favori du chevalier : « Que le Grand Cric me croque ». Ce rapprochement met sur la voie d'un autre serment, passé sous silence celui-là, entre le chevalier et le Roi son père, serment de garder le secret de la filiation. L'objet de ces deux serments est une action négative, puisqu'il s'agit dans les deux cas de préserver un secret en s'engageant à « ne pas dire » quelque chose. Or le dessin, à la différence du langage, ne possède pas d'indice de négation. Il est impossible d'y représenter une action pour dire qu'elle n'a pas lieu – ou bien qu'elle n'a pas eu lieu ou n'aura pas lieu – comme le texte au contraire le permet. C'est-à-dire qu'aucun de ces deux serments ne peut être figuré sous la forme d'une image. Et c'est donc le texte qui est chargé de les porter. Pourtant Hergé

---

1. *Les Bijoux de la Castafiore*, pp. 31, 34, 35, 39 et 51.

Procédés narratifs et mise en scène des mots du secret

semble tourner cette difficulté en dérision en donnant à ce double serment la forme d'une image verbale (« Que le Grand Cric me croque »), et qui plus est d'une image qui renvoie à sa propre activité de graphiste ! « Croquer » signifie en effet « faire un dessin rapide » (comme ceux que faisait son père de vêtements pour garçonnets ?) autant que « manger » et « dévorer ». Retenons seulement pour l'instant que, dans la bande dessinée, le texte aussi peut « faire image ». C'est d'ailleurs pourquoi nous parlerons, dans ce qui suit, tantôt de texte et tantôt de dessin, réservant le mot « image » pour les métaphores.

Exemples de répétitions dans la chaîne narrative. Il s'agit des cas où le sens d'une case dans une succession est donné par celui d'une autre case en position identique dans une succession équivalente. Par exemple la répétition de situations semblables entre *Le Secret de la Licorne* et *Le Trésor de Rackham le Rouge*, ainsi qu'entre *Objectif Lune* et *On a marché sur la Lune*. Dans le premier cas, la similitude de construction culmine à la page 39. Dans le second cas, elle paraît au contraire s'arrêter brutalement à cette même page. Rappelons ce que j'en disais dans *Tintin chez le psychanalyste* :

« Nous avons vu que c'était justement à la page 39 de *Objectif Lune*, au moment où s'interrompaient les analogies entre le premier album du cycle Tournesol et le premier album du cycle Haddock, que se situait le moment capital du changement de personnalité du professeur, préludant à son amnésie mais aussi à la "fin", au moins temporaire, de sa surdité (...) Dans

Tintin et les secrets de famille

On a marché sur la Lune, la seule surprise à vrai dire, semble concerner Tintin plutôt que Tournesol. Lancé sur les traces de Milou, le reporter découvre... de la glace ! Découverte extraordinaire, non pas du fait de son caractère fantaisiste (le genre autorise tout), mais à cause de la symétrie de construction que nous avons relevée : car cette découverte correspond page à page à celle de l'épave du vaisseau La Licorne, premier pas vers le dévoilement du parchemin de la donation, la découverte du trésor, puis celle du secret du chevalier [1]. » Ainsi la similitude de construction de ces albums donne-t-elle la découverte de glace sur la Lune pour un élément essentiel de la quête généalogique.

Un autre exemple de répétition dans la chaîne narrative se trouve dans *Le Secret de la Licorne*. Il s'agit de la similitude de construction entre la façon dont les parchemins changent de main dans ces aventures et les changements de main parallèles du trésor, et donc du secret qu'il recouvre, pour le chevalier de Hadoque et ses contemporains. Cette similitude révèle finalement que le « secret », tout comme le « trésor », appartenait bien au roi lui-même [2].

Nous voyons donc que le déchiffrage minutieux d'une bande dessinée nécessite que nous nous confrontions à trois séries d'éventualités : les répétitions dans le dessin, les répétitions dans le texte, et les identités de structure narrative entre séquences de

---
1. *Tintin chez le psychanalyste,* p. 83.
2. *Tintin chez le psychanalyste,* p. 45.

Procédés narratifs et mise en scène des mots du secret

plusieurs albums. Il faut en ajouter une quatrième. Ce sont les informations qui semblent posséder au moment de leur introduction une importance capitale pour le déroulement dramatique, mais dont la place se trouve presque aussitôt contredite par le peu de cas dont il en est fait par la suite. Une telle coïncidence ne peut s'expliquer que par un investissement exceptionnellement conflictuel de ces informations par l'auteur. Un exemple en est la découverte de glace sur la Lune par Tintin, suivie du silence total de Tournesol sur cet événement dans ses communications avec la Terre [1].

Voici donc définis, en tout, quatre axes de recherche jouant sur les possibilités respectives du texte et du dessin dans la bande dessinée. Heureusement, la tâche du chercheur est considérablement facilitée du fait que ces quatre possibilités se trouvent le plus souvent réunies. En effet, ce qui correspond pour l'auteur à la plus grande nécessité de mise en sens est indiqué par l'accumulation des procédés destinés à le symboliser. Ainsi, par exemple, dans le cas de la découverte de glace sur la Lune, il y a à la fois coïncidence dans la structure narrative entre cette séquence et la séquence correspondante du *Trésor de Rackham le Rouge* ; insistance dans l'image (Milou glisse et Tintin doit aller le rechercher dans une longue séquence tragique) ; et enfin insistance dans le texte (d'abord soulignée comme essentielle par Tintin,

---

[1]. *On a marché sur la Lune*, p. 38. Tournesol parle seulement de ces grottes pour mentionner la découverte de métaux rares...

cette découverte est ensuite totalement passée sous silence).

Mais une cinquième et dernière source de compréhension du matériel inconscient dans la bande dessinée s'offre encore au chercheur, radicalement différente des précédentes. C'est la capacité pour le texte de faire image. Car si tous les éléments précédents ont aiguisé ma curiosité, puis servi à valider mes hypothèses, c'est à partir des mots de l'œuvre que celles-ci ont essentiellement pris corps. Non pas des mots écrits, mais des mots mis en image. La bande dessinée partage en effet avec le rêve cette capacité.

Rêve et bande dessinée

Freud remarquait que l'image du rêve n'est souvent constituée que de la transcription visuelle d'expressions verbales, de mots ou même de syllabes. Les expressions populaires, souvent à base d'images concrètes, constituent naturellement un matériel de choix pour de telles transformations, et des formules telles que « casser les pieds » ou « attraper la lune » trouvent aisément leur équivalent imagé. Lorsque la transformation est plus difficile, dans le cas de pensées abstraites notamment, elle s'opère selon deux règles : d'une part la règle de plus grande ressemblance phonétique, qui fait représenter une pensée par un objet ou un assemblage d'objets dont le nom est presque homonyme ; et d'autre part, la règle de figurabilité, par laquelle le rêve est à chaque instant « prêt à échan-

Procédés narratifs et mise en scène des mots du secret

ger les mots les uns pour les autres jusqu'à ce qu'il trouve l'expression qui offre à la figuration plastique le plus de commodité »[1]. C'est ainsi que, grâce au travail du rêve, les pensées sont transformées en représentations visuelles. Freud insistait encore sur le fait que le travail du rêve n'a pas d'autre prétention que cette transformation, et que les pensées du rêve ne sont pas forcément des pensées interdites. Il peut s'agir de désirs simples, comme le fait de manger un plat savoureux, que le rêve adapte simplement à son langage imagé. Or, de la même façon, le dessinateur n'a souvent pas d'autre prétention que « de raconter des histoires en images », comme le disait Hergé de lui-même. Mais tout comme le travail du rêve rencontre sur son chemin les désirs inconscients du rêveur et les met eux aussi en scène, le créateur d'images ne peut pas empêcher que les procédés spécifiques de la création visuelle mis en jeu dans son œuvre ne rencontrent certaines de ses pensées intimes ou certains de ses contenus psychiques refoulés, et les remplace eux aussi par des images. J'ai montré dans *Tintin chez le psychanalyste* comment la figure du pirate Rackham le Rouge était à prendre comme l'équivalent visuel d'un père à la fois puissant et malhonnête ; et comment cette compréhension permettait de le faire rentrer en rapport avec d'autres figures, identiques et complémentaires, aussi bien verbales que visuelles. Mais les possibilités de la bande dessinée

---

1. Sigmund Freud, Complément métapsychologique à la théorie du rêve, in *Métapsychologie*, Gallimard, Idées, Paris, 1968.

s'opposent à celles du rêve sur un point essentiel. Dans la bande dessinée, le texte est présent dans l'image ou à côté d'elle, en particulier dans les fameuses bulles, mais aussi éventuellement sans l'image. Et ceci a pour conséquence que les mots abstraits n'ont pas besoin, dans la B.D., de traduction visuelle comme dans le rêve. Du coup, cette opération de transformation me paraît être réservée, dans la bande dessinée, aux contenus psychiques de l'auteur qui doivent lui rester cachés à lui-même. Ainsi en fut-il sans doute, pour Hergé, des mots « pirate » ou « requin » rapportés à une puissance paternelle.

Pourtant, ce résultat fait apparaître une nouvelle difficulté. Comment savoir, dans le cours d'un récit, s'il faut prendre une image comme un élément narratif direct ou la prendre au pied de la lettre comme la mise en scène d'une figure de la langue ? Or ma surprise a été de découvrir qu'il existait, dans la bande dessinée, des signes dont la fonction est d'indiquer la nécessité d'une lecture au second degré de certaines séquences. Revenons en effet à la formule qui met les héros hergéiens sur la piste du trésor, et dont j'ai fait le point de départ de ma démonstration : « Et resplendira la † de-l'Aigle. »

La † de l'Aigle

Cette expression contient une image que rien ne justifie dans la narration littérale : la transformation

Procédés narratifs et mise en scène des mots du secret

du mot « croix » (qui, nous l'avons vu, a le sens métaphorique de peine, en particulier dans l'expression « porter sa croix ») en un signe cruciforme. Essayons alors de mieux comprendre le sens de cette substitution.

Dans le langage parlé, la nécessité d'une compréhension imagée d'une expression est indiquée par l'ensemble de la situation et par l'usage. Par exemple, l'expression « porter sa croix » pouvait renvoyer, il y a quelques dizaines d'années, à la façon dont une femme veuve très tôt était condamnée à élever seule des enfants dans des conditions difficiles. Ici, au contraire, la nécessité d'une compréhension métaphorique du mot « croix » ne peut pas être donnée par la connaissance de la situation puisque cette situation – la souffrance du chevalier de ne pas être reconnu par son père – doit rester secrète. La seule façon d'indiquer que ce mot doit être pris dans son sens imagé est alors de le transformer littéralement en image.

En effet, dans la bande dessinée, toute image est a priori une image d'objet. Pour indiquer qu'une image est image de mot et non pas image d'objet, il faut donc introduire une rupture dans le code. Cette rupture est réalisée ici par le fait d'introduire dans l'image des mots eux-mêmes dessinés. Le texte des trois parchemins superposés obéit à cette transformation. Il n'est pas écrit dans une bulle, comme cela aurait été le cas si la lecture de son contenu par Tintin avait été privilégiée. Il est au contraire lui-même traité comme une image à part entière, et qui plus est dans une page où le texte – et c'est très rare chez Hergé – est considérablement plus important que l'image. Et c'est à l'intérieur de ce texte traité comme une image que le dessin d'un mot surgit, la « † de l'Aigle ». Or, dans un texte traité comme une image, l'image d'un mot devient forcément l'image d'une image, autrement dit celle d'un mot pris dans un sens imagé.

Ainsi, alors que le langage parlé n'a que deux degrés possibles de lecture dans la bande dessinée – le niveau narratif direct et le niveau narratif incluant des métaphores de la langue –, le langage du dessin se révèle en posséder quatre, grâce à sa possibilité d'intégrer un équivalent graphique des deux degrés du langage en plus des deux siens propres (schéma 1).

Le premier de ces niveaux concerne la narration. Comme pour les mots du langage utilisés de façon dénotative dans la narration, l'image d'un temple représente un temple, l'image d'un fusil représente un fusil, etc.

Le second de ces niveaux concerne les dessins à comprendre de façon imagée dans le cours narratif. Son domaine privilégié est celui des onomatopées pour lesquelles l'image d'une tête de mort représente un désir de meurtre, l'image d'un cœur représente un sentiment amoureux, etc.

Le troisième de ces niveaux concerne les textes traités en dessin, et non pas mis dans les bulles (dans *Tintin*, ce sont les textes des parchemins).

Le quatrième niveau concerne l'irruption de signes dessinés (comme la « † » du texte des parchemins).

Procédés narratifs et mise en scène des mots du secret

Schéma 1. – Les différents niveaux de lecture des textes et dessins dans la B.D.

	1er niveau	2e niveau	3e niveau	4e niveau
Texte (contenu des bulles)	Mots d'objets et d'actions à prendre dans un sens littéral. Exemple : le mot temple désigne un temple quand un personnage en parle.	Mots d'objets et d'actions à prendre dans un sens imagé. Exemple : les jurons du capitaine.		
Dessins (au sens large, c'est-à-dire contenu des cases)	Dessins d'objets et d'actions à prendre dans un sens littéral. Exemple : le dessin d'un temple signifie un temple dans le dessin d'un personnage qui s'en rapproche.	Dessin d'objets et d'actions à prendre dans un sens imagé. Exemple : le dessin d'une tête de mort ou d'un revolver signifie l'agressivité dans les onomatopées.	Dessin de mots écrits. Exemple : le texte des trois parchemins superposés dessinés dans une case.	Certains mots écrits-dessinés sont mis en images. Exemple : dans le texte dessiné des parchemins, le mot croix est représenté par le signe « † ».

Tintin et les secrets de famille

Discours narratif et discours du secret dans la B.D.

Du point de vue de la structure, les deux premiers niveaux de lecture du dessin correspondent aux deux niveaux possibles de lecture du texte, tandis que le troisième et le quatrième lui sont propres.

Mais du point de vue de leur fonctionnement, les choses sont différentes. Dans le texte en effet, l'irruption des métaphores peut donner accès au contenu secret de l'œuvre (comme nous le verrons plus loin avec les insultes du capitaine). Dans le dessin au contraire, ce sont les second et troisième niveaux qui y donnent accès (schéma 2).

En effet le passage du discours narratif explicite au discours inconscient souterrain de l'œuvre est donné dans tous les cas par une rupture dans le code. Dans le texte, cette rupture est indiquée par le passage du niveau narratif au niveau métaphorique. Au contraire, dans le dessin, les onomatopées – qui constituent l'équivalent du second niveau du texte – font elles-mêmes partie des procédés narratifs. Et cette rupture n'est introduite que par les troisième et quatrième niveaux. Pourtant ce second niveau du texte n'est pas pour autant totalement symétrique des troisième et quatrième niveaux du dessin. L'irruption d'une image dans le texte peut en effet désigner l'existence d'un niveau inconscient de l'œuvre. Mais elle peut tout aussi bien ne rien signifier de tel puisque l'utilisation de métaphores peut trouver sa place dans la narration. Au contraire, dans le dessin, le fait qu'un mot soit mis en image sans aucune nécessité

Procédés narratifs et mise en scène des mots du secret

Schéma 2. – Espace de narration et espace de mise en scène d'un secret crypté dans la B. D.

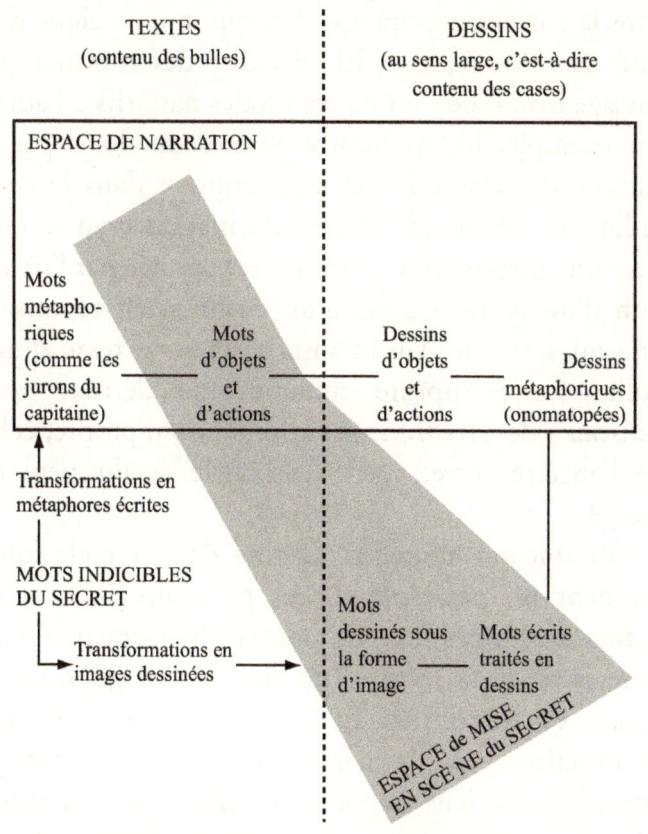

TEXTES (contenu des bulles)	DESSINS (au sens large, c'est-à-dire contenu des cases)

ESPACE DE NARRATION

Mots métaphoriques (comme les jurons du capitaine) — Mots d'objets et d'actions — Dessins d'objets et d'actions — Dessins métaphoriques (onomatopées)

↑
Transformations en métaphores écrites

MOTS INDICIBLES DU SECRET

└→ Transformations en images dessinées → Mots dessinés sous la forme d'image — Mots écrits traités en dessins

ESPACE de MISE EN SCÈNE du SECRET

narrative indique forcément qu'il donne accès à un niveau secret de l'œuvre. Ainsi les métaphores de mots peuvent-elles appartenir aux deux niveaux d'écriture, narrative et cryptée ; alors que les mots mis en image appartiennent toujours au second de ces niveaux.

Enfin, de tels encryptements d'un contenu narratif secret dans le contenu narratif explicite peuvent être indiqués d'une troisième façon encore. À côté des

Tintin et les secrets de famille

ruptures dans la narration textuelle (passage du langage direct au langage métaphorique), et des ruptures dans la narration graphique (irruption d'un signe dessiné dans un texte écrit), il existe des ruptures par passage brutal de l'un de ces modes narratifs à l'autre. Par exemple, les moineaux pointés du doigt par la victime des frères Loiseau. La rupture dans le code indiquant l'existence d'une information cryptée derrière une information narrative est donnée par l'irruption d'un geste – donc d'un dessin – en réponse à une question de Tintin inscrite dans le texte d'une bulle. Cette rupture indique que derrière tout « oiseau » des *Aventures* se cache un nom propre, celui de l'ancêtre secret, père de l'oncle et du père de Hergé.

On voit que de telles ruptures dans le code fonctionnent un peu comme des panneaux indicateurs pointant la nécessité d'un double changement : dans le registre de la lecture (du mot à l'image, ou vice versa) ; et par contrecoup dans le sens à accorder aux informations (de la narration directe au message crypté). En ce sens, la portée de telles transformations dépasse la nécessité d'une lecture métaphorique de ces signes seuls. Elles fonctionnent comme indicateurs de la nécessité d'une lecture métaphorique de l'ensemble des séquences correspondantes. Par exemple, ce n'est pas seulement la « † » qui doit être comprise comme la « souffrance », mais l'ensemble du secret construit par le chevalier autour d'un trésor qui doit être compris comme le secret d'une filiation indicible.

Procédés narratifs et mise en scène des mots du secret

Or de tels signes ont des équivalents, tant dans l'écriture hiéroglyphique, qu'on a d'ailleurs souvent comparée à la bande dessinée, que dans le rêve.

Les signes « déterminatifs »

Dans l'écriture hiéroglyphique de l'ancienne Égypte, il existait, à côté des « idéogrammes » (ou signes-idées) et des « phonogrammes » (ou signes-sons), une troisième catégorie de signes qu'on a appelés « déterminatifs ». Leur fonction était de préciser la signification des mots à sens multiples. En effet, il existait en égyptien comme en français des homonymes, c'est-à-dire des mots qui se prononçaient de la même façon tout en ayant des significations différentes. Et les risques d'ambiguïté dans l'écriture hiéroglyphique étaient d'autant plus nombreux que les Égyptiens n'écrivaient que les consonnes. Aussi le sens des mots était-il souvent précisé par un signe indiquant la catégorie à laquelle ils appartenaient, ou la matière avec laquelle ils étaient faits. Ces signes, qui étaient au nombre d'une centaine, étaient placés à la fin du mot et ne se prononçaient pas [1]. Par exemple, un signe représentant le soleil déterminait les actions en rapport avec le temps ; celui d'un homme assis déterminait les occupations masculines, etc. D'autres fois, ces déterminatifs pouvaient indiquer qu'un mot

---

1. *Naissance de l'écriture*, Éditions de la Réunion des musées nationaux, Paris, 1982.

ne devait pas être compris de manière littérale, mais figurée. Ainsi le pictogramme désignant le courage pouvait-il signifier le courage physique ou le courage moral selon le déterminatif dont il était suivi. Enfin, ces déterminatifs pouvaient préciser qu'un signe ne devait pas être lu comme un mot dans la chaîne narrative – par exemple un dessin de « tête » pour figurer une tête –, mais comme le son correspondant – ce même dessin signifiant alors la syllabe « têt » –.

Freud a montré que, dans le rêve, certains éléments de mise en scène avaient une fonction équivalente. Tel est en particulier le cas lorsque le rêve échoue à réunir sur un seul personnage composite des traits particuliers à plusieurs personnes, mais qui ne sont pas communs à toutes. Alors, écrit Freud, « la scène a pour acteur une personne, et une autre, ordinairement plus importante, apparaît auprès d'elle et semble n'y point participer. L'auteur du rêve raconte par exemple : « Ma mère était également là. » Un élément de cette sorte peut être comparé aux déterminants des hiéroglyphes : « Ils ne sont point prononcés, mais expliquent d'autres signes. »[1] Or de tels signes me paraissent également exister dans la bande dessinée. Le travail du rêve et celui de la création ne sont-ils pas d'ailleurs deux tentatives d'appréhension et d'élaboration du langage propre de l'inconscient, en même temps que tous deux se doivent de rendre méconnaissables les fantasmes de leur auteurs ?

---

1. Sigmund Freud, *L'interprétation des rêves*, PUF, Paris, 1967, p. 276.

Procédés narratifs et mise en scène des mots du secret

Les signes déterminatifs dans la bande dessinée consistent en mots ou en images explicitement donnés pour être métaphoriques. Ils indiquent que l'ensemble de la séquence, ou des représentations qui s'y rapportent, est elle aussi susceptible d'une lecture au second degré. Comme dans le rêve, la signification de ces déterminatifs n'est pas intentionnelle au sens d'un projet conscient, mais elle obéit à la nécessité inconsciente de lier certains éléments de l'histoire psychique propre du sujet à des éléments du récit susceptibles de leur correspondre. J'ai longuement parlé du signe cruciforme du texte des parchemins. Je vais maintenant brièvement donner trois autres exemples de tels « signes déterminatifs » dans *Tintin*.

Le premier concerne la case qui est certainement la plus déconcertante de toute l'œuvre de Hergé. Elle se trouve en bas et à droite de l'avant-dernière page du *Temple du Soleil*, celle sur laquelle justement Haddock jure au grand Inca de ne rien révéler de ses secrets ! Cette case – la dernière – rompt délibérément avec la construction de la page autant qu'avec la narration qui y est figurée, puisqu'elle représente les deux Dupondt, au Pôle, tremblant de froid face à deux pingouins ! Alors que les précédentes recherches des jumeaux policiers à l'aide de la radiesthésie restaient dans le domaine du plausible qui caractérise l'œuvre de Hergé, nous nous trouvons ici face à une incohérence... qui laisse d'ailleurs aussi peu de trace dans la suite de l'aventure que la découverte de glace sur la Lune ! Par contre, le sens de cette case s'éclaire si nous envisageons qu'elle fonctionne comme un commentaire sur l'ensemble de la séquence qui précède. Sa position hors récit, ses couleurs froides contrastant avec les couleurs chaudes du reste de la planche lui donnent une allure de commentaire sur la narration. Comme un signe déterminatif, son rôle est alors d'indiquer que l'ensemble de la page où elle se trouve *doit être compris de façon métaphorique*. C'est-à-dire que la scène de serment entre le capitaine Haddock et le Grand Inca est l'image d'une autre réconciliation, impossible à figurer celle-là, entre un fils illégitime et son père.

Le second exemple concerne les injures du capitaine Haddock. Hergé a dit à plusieurs reprises que Haddock le représentait lui-même. D'ailleurs ce personnage est situé dans une position pratiquement identique à celle de l'auteur quant au mystère de ses origines. Or le capitaine jure. Et si on a dit beaucoup de choses de ces insultes, on a, je crois, oublié la plus importante. C'est qu'une insulte est d'abord une « image ». En effet, au-delà de sa capacité à révéler la colère, qu'est-ce qu'une insulte, sinon l'utilisation métaphorique d'un mot ? Lorsque le capitaine traite par exemple un ennemi d'« iconoclaste », il ne veut pas dire par là qu'il le considère comme un membre de la secte des briseurs d'icônes, mais qu'il l'entoure de la réprobation dont les iconoclastes ont été l'objet pendant plusieurs siècles de la part des autorités catholiques romaines. Mais en marquant ainsi une part importante des propos du capitaine de la nécessité d'une lecture imagée – c'est-à-dire d'une lecture qui renvoie à une signification seconde différente de

Procédés narratifs et mise en scène des mots du secret

la signification littérale – Hergé fait du même coup peser sur l'ensemble des propos et des attitudes du capitaine la suspicion de la nécessité d'une lecture au second degré. D'ailleurs, les insultes du capitaine apparaissent pour la première fois dans *Le Crabe aux Pinces d'Or*, à l'occasion d'une séquence – celle des bandits du désert – que Hergé a mise en rapport avec le débarquement de Haddock sur l'île de son ancêtre... lorsqu'il trébuche sur les vestiges de la barque de celui-ci [1]. C'est-à-dire que ces injures ont été mises en rapport par Hergé lui-même, à travers ce rapprochement d'images, avec le secret de la filiation.

Enfin, le fait que la formule du serment du capitaine, à la fin du *Temple du Soleil*, utilise une formule imagée – « Que le Grand Cric me croque » – est encore un indicateur de la nécessité d'une lecture seconde de ce serment. Tout comme la « † de l'Aigle » était l'image de la souffrance du père secret, et les insultes imagées de Haddock l'image de la colère indignée du chevalier contre son géniteur qui ne l'avait pas reconnu, le serment explicite de Haddock au Grand Inca renvoie au serment implicite du chevalier à son Roi et père, celui de ne pas trahir son origine secrète.

Du mot à l'image

On voit donc que le ressort de la mise en scène dans *Tintin* ne se trouve nullement dans une logique

---

1. Voir *Tintin chez le psychanalyste, op. cit.*

de « succession » ou de « glissement » des images. Elle réside, pour la trame narrative, dans une suite rigoureuse d'opérations sur un ensemble de mots correspondant à un secret familial et sur sa résolution ; et pour les comportements des personnages, sur les attitudes possibles de l'enfant, puis de l'adulte, face à un tel secret : passion et désespoir chez Haddock qui traite ses interlocuteurs de tous les noms alors que la Castafiore lui refuse toujours le sien ; naïveté et obstination chez les Dupondt, qui ratent constamment la vérité faute des bases symboliques nécessaires à sa compréhension ; repliement sur soi et curiosité détournée sur la création chez Tournesol, qui oppose à tous l'obstacle de sa surdité (face à une mère qui lui cache le nom de son père, un enfant peut finir par renoncer à entendre quoi que ce soit…) ; déchiffrage des indices et des signes enfin chez le reporter Tintin auquel aucune énigme ne résiste. Autrement dit, pour avoir accès au message encrypté d'une œuvre, il convient de savoir s'empêcher de lire les images seulement comme des illustrations narratives pour pour les restituer à leur valeur de masques et de révélateurs de non-dits. Et ce n'est certes pas un hasard si c'est autour des mots de l'œuvre – « Huascar », « Tharkey », « Aigle » – que me sont venues les réflexions des lecteurs les plus attentifs.

Mais peut-être qu'arrivé à ce point de la démonstration, une question préoccupe le lecteur. De telles transformations sont-elles générales à la bande dessinée, ou bien propres à l'œuvre de Hergé ? Autrement dit, en existe-t-il de semblables chez d'autres auteurs ?

Procédés narratifs et mise en scène des mots du secret

Certainement ! Et j'en ai donné ailleurs quelques exemples [1]). Pour m'en tenir ici à un seul, *La Quête de l'Oiseau du Temps*, de Loisel et Letendre, est susceptible, tout à fait de la même façon, d'une lecture au second degré autour d'un secret à préserver. Toutefois, chez ces auteurs, le secret ne concerne pas une filiation illégitime, comme dans *Tintin*, mais une réalisation incestueuse entre un père et sa fille. Celle-ci est représentée sous les traits de la jeune et belle Pelisse, tandis que le personnage paternel et incestueux est décomposé en trois figures complémentaires : Bragon, le chevalier amoureux mais chaste, Bulrog, personnage musclé et poilu comme un corps dénudé, et Le Rige, dont la tête, tout comme le nom, évoque un pénis en érection. Sur le plan de l'aventure, les héros parviennent finalement dans un temple, baptisé « le temple de l'oubli », où ils découvrent que l'objet de leur quête se trouve sur un promontoire rocheux appelé « le doigt du ciel ». Or cette découverte passe par une devinette proposée par un malin génie qui se nomme lui-même « Le Fol ». Ce n'est pas la seule énigme que les héros de cette aventure aient à déchiffrer, puisque « Le Fol » en a déjà proposé deux autres aux héros, et qu'il en proposera encore une dans le dernier album. Mais celle-ci présente deux particularités essentielles. Tout d'abord, cette énigme est la seule à avoir une incidence dans le cours narratif. Et une incidence considérable, puisque sa résolution sert

---

1. Serge Tisseron, *La bande dessinée au pied du mot*, Aubier, Paris, 1990.

d'introduction à l'album suivant, le dernier de *La Quête*, dans lequel les diverses intrigues initiées dans les précédents albums trouvent leur résolution. Mais d'autre part, cette énigme est également la seule de *La Quête* à se présenter sous la forme d'un indice visuel. « Le Fol » montre en effet son index dressé. Mais c'est seulement lorsque Bragon pointe le sien, et son bras entier raidi vers Pelisse, que l'un des autres personnages comprend le sens de l'énigme : l'objet recherché – « l'œuf des ténèbres » – se trouve au sommet d'une montage appelée « le doigt du Ciel ».

Il me semble que, comme dans *Tintin*, cette énigme qui nécessite la compréhension imagée d'un signe fonctionne comme un indicateur de lecture métaphorique. Ce signe – le doigt du « Fol » dressé, aussitôt pris en relais par l'index et le bras raidi de Bragon dirigés vers le visage assoupi de Pelisse – indique deux choses : tout d'abord la nécessité d'une lecture au second degré de l'ensemble des aventures de *La Quête de l'Oiseau du Temps*, et ensuite, le sens dans lequel effectuer cette lecture : celle d'un désir incestueux interdit de représentation entre un homme mûr et une très jeune fille ; désir figuré, avec l'aide des déplacements propres à l'inconscient, par le « bras » du vieux Bragon tendu vers la bouche offerte de la jeune Pelisse.

Ainsi l'existence d'un secret caché derrière l'aventure explicite passe dans la bande dessinée – et peut-être dans d'autres formes de représentation visuelle – par deux opérations distinctes et complémentaires de

Procédés narratifs et mise en scène des mots du secret

transformations. D'une part, le secret à préserver est transformé par déplacement : dans *Tintin*, l'aventure du père bâtard est cryptée dans celle du chevalier fils de Louis XIV. Dans *La Quête de l'Oiseau du Temps*, un père incestueux est représenté par trois personnages complémentaires. D'autre part, ces transformations sont indiquées par des signes équivalents aux déterminatifs utilisés par les Égyptiens dans l'ancienne écriture hiéroglyphique. Ces signes indiquent qu'une transformation s'est opérée dans la narration et qu'une séquence est à prendre comme le récit imagé d'une histoire inavouable. Ils consistent en images explicitement données pour avoir une signification seconde au-delà de leur signification première. Dans de tels moments, la bande dessinée nécessite donc, comme le rêve, une lecture au second degré de ses images, parce qu'elle échappe aux simples règles d'un récit d'aventures pour s'ouvrir sur l'inconscient de leur auteur. On voit que pour accéder à l'inconscient d'une œuvre, il faut accepter d'en « énigmatiser » les images. Ou plutôt accepter de préserver leur caractère énigmatique aux énigmes qu'elle met en scène pour en faire les signes de quelque message à découvrir.

Les mots du secret

On comprend mieux maintenant le profond contresens qu'il y aurait à chercher le ressort des *Aventures de Tintin* dans des variations autour de mots pris au hasard, ou bien dans un système de double sens ouvrant sur l'inconscient sexuel de leur auteur. Si certains mots y sont importants comme ceux de « l'air des Bijoux » de Gounod, c'est uniquement parce qu'ils entretiennent un rapport avec l'impensé familial auquel Hergé, enfant, avait été confronté, et qu'il a mis en scène dans cette œuvre. Vouloir ignorer ce fait ne peut que conduire à proposer des démontages très ingénieux des procédés narratifs de *Tintin* sans que cela ait aucune incidence ni sur la compréhension de l'œuvre, ni sur celle de son auteur [1]. De même les allusions sexuelles ne sont pas absentes de l'œuvre hergéienne. Mais là encore, elles n'en organisent que certains aspects secondaires, les traces dont toute œuvre témoigne des enjeux de la sexualité de son producteur. Toute approche psychanalytique d'une œuvre d'art qui ignore les enjeux transgénérationnels particuliers à chaque auteur révèle rapidement ses limites. De quel droit réduire par exemple les multiples accidents de la pipe de Haddock à leurs résonnances du côté de la castration ? N'est-ce pas d'abord à la mort qu'ils nous renvoient à travers l'expression populaire « casser sa pipe » ? Et l'incertitude de Hergé quant à l'identité de son grand-père paraît bien plus à même d'en rendre compte que des « conflits œdipiens » qu'il partage avec l'ensemble de ses semblables. En effet, le père d'Alexis et Léon a-t-il « cassé sa pipe » comme Haddock à plusieurs reprises, mais dans un sens littéral et non imagé cette fois ? Autrement dit,

---

[1]. Tel est en particulier le cas de Benoît Peeters, dans *Les Bijoux ravis*, Casterman, Bruxelles, 1984.

Procédés narratifs et mise en scène des mots du secret

a-t-il laissé les jumeaux orphelins, comme dans la version officielle de leur enfance ? Ou bien a-t-il « pris le large » comme un marin... mais aussi comme le père secret des jumeaux, puis l'ouvrier agricole qui leur a donné son nom ? Quant à l'« entorse » de Haddock dans *Les Bijoux*, le mot n'est-il pas, dans le langage courant, synonyme de « faute » autant que le mot « chute » ? Et le « pied levé » du capitaine dressé sur un coussin – où certains ont vu un « signe obscène » (sic) – ne peut-il pas désigner une précipitation tout autant qu'une érection ? L'ouvrier du nom de Rémi n'a-t-il pas en effet épousé Marie Dewigne enceinte « au pied levé » pour effacer « l'entorse » que celle-ci avait faite à la morale de l'époque, c'est-à-dire sa grossesse survenue en dehors de tout lien conjugal, et qui plus est d'un père inconnu ? Je ne prétends pas ici fournir des clés, mais juste quelques contre-exemples destinés à sensibiliser le lecteur à la nécessité de déchiffrer une bande dessinée en tenant compte du fait qu'elle ne manipule pas des objets visuels, comme on pourrait le croire, mais des objets verbaux. Des objets qui, dans la bande dessinée comme dans le rêve, sont mis en scène dans le sens de leur plus grande capacité de figurabilité. Avec pour conséquence que les images qui en résultent puissent ne plus avoir aucun rapport apparent avec les mots historiques et familiaux qui sont à leur origine... Mais l'étude des signifiants qui organisent la structure narrative d'une œuvre n'est du même coup possible qu'à la condition de prendre en compte les diverses langues qui ont marqué l'histoire de leur auteur, de ses parents et de ses grands-parents. Dans le cas de *Tintin*, il faudrait en particulier pouvoir tenir compte des dialectes parlés par les proches de Hergé dans sa toute petite enfance. Celui-ci a d'ailleurs confié à plusieurs reprises que la langue « syldave » ne serait autre que du « marollien » – un dialecte bruxellois qui était couramment parlé par les membres de sa famille – écrit de façon phonétique et slavisante. Y aurait-il dans cette langue un « dire » secret reprenant les mots de l'entourage familial de l'auteur dans son enfance ? Il faut espérer, pour la compréhension de la genèse et de la poétique des récits imagés, en particulier des récits à énigmes comme l'est l'œuvre de Hergé, qu'une telle recherche soit réalisée un jour...

*Dynamique de l'œuvre,
dynamique de l'inconscient*

Toute création contient des témoignages de l'inconscient de son auteur. Parmi eux, certains concernent de si près sa vie psychique secrète qu'ils sont totalement inaccessibles. À l'opposé, d'autres participent de l'inconscient collectif et renvoient à des fantasmes communément partagés. Ce sont en général eux qui font l'objet d'une exploitation intensive dans toute recherche qui vise à se donner facilement l'apparence d'être psychanalytique. Selon une telle approche, un personnage masculin autoritaire évoque une « figure paternelle » ; un personnage féminin

Procédés narratifs et mise en scène des mots du secret

menaçant évoque une « mère castratrice » ; ou encore le silence de plusieurs personnages face à un mystère incompréhensible évoque « la scène primitive », c'est-à-dire la question angoissée et essentielle de tout enfant à propos des relations sexuelles dont il est issu... Quand ce n'est pas, plus schématiquement encore, un poignard levé qui évoque une érection et le risque d'impuissance qu'il est censé conjurer, ou un liquide blanchâtre qui suggère du lait ou du sperme ! Ce sont de telles « interprétations » qui passent encore parfois pour constituer l'apport original de la psychanalyse à la compréhension des œuvres d'art ! Heureusement, il existe des œuvres – rares il est vrai – qui contiennent une dynamique interne les apparentant à celle de l'inconscient lui-même. Un inconscient qui n'est nulle part présent dans les personnages ou les situations pris isolément, mais dans la dynamique générale de l'œuvre. Il est probable que de telles œuvres sont celles au cours desquelles l'artiste s'est confronté à des remaniements psychiques de telle façon qu'elles se sont construites en relation avec son propre inconscient. Elles ne sont donc pas un reflet de cet inconscient. Le plus juste serait de dire que l'artiste, tant avec sa partie consciente qu'avec sa partie inconsciente, s'est prononcé pour elles. En d'autres termes, le créateur est entré dans une véritable relation de transfert avec elles. Et c'est ce qui donne à de telles créations la possibilité de mobiliser ensuite une réaction de transfert de la part de leurs lecteurs ou de leurs spectateurs. Une réaction de transfert qui concourt certainement grandement au succès de telles œuvres, même si elle ne l'explique pas entièrement. Une telle situation est particulièrement évidente dans le cas de *Tintin* dont les lecteurs disent volontiers « Tintin, c'est moi » sans pour autant vouloir lui ressembler... C'est enfin cette dynamique de l'œuvre qui permet qu'on lui applique une attitude mentale qui est celle de la psychanalyse. On voit donc que toute œuvre n'est pas susceptible d'une telle exploration. Celles qui s'y prêtent le mieux sont sans aucun doute les récits d'aventures. Ils se déroulent en effet sur différents niveaux de l'espace et du temps, permettant que s'y opèrent les manifestations de répétition et d'insistance propres à l'inconscient, ainsi que les multiples manifestations de condensation et de déplacement sous lesquelles cette insistance est constamment travestie. L'approche de la dynamique de l'inconscient dans de tels récits nécessite de les prendre chacun comme un voyage en rapport avec la dynamique d'une cure psychanalytique. L'attention porte alors précisément sur la transformation des mots indicibles en images, sur les insistances graphiques ou phonétiques qui parcourent l'œuvre, et sur ces formes de « lapsus » que sont les informations présentées comme essentielles au moment de leur apparition et oubliées en chemin.

De l'œuvre créée à l'œuvre publique

Enfin, une fois livrée au public, l'œuvre cesse d'être œuvre de création et devient œuvre de culture. Et le

Procédés narratifs et mise en scène des mots du secret

petit reporter blond effectue depuis quelques années un « come back » retentissant en contradiction totale avec les prédictions qui le donnaient dans les années 70 pour être « passé de mode ». À tel point qu'on ne compte plus les citations et les allusions, tant médiatiques que culturelles, aux aventures tintinesques. Venant après une période où il était courant que les intellectuels européens cherchent leurs modèles vers d'autres civilisations, en particulier orientales, ce retour témoigne pour le moins d'un revirement. Tintin, en effet, est irrémédiablement occidental et désespérément chrétien. Mais ses aventures sont aussi – et telle est peut-être la contradiction la plus féconde de cette œuvre – résolument modernes. Le succès mondial de Tintin n'a-t-il pas en effet anticipé d'un demi-siècle la formidable internationalisation des images qui caractérise la fin du XXe siècle ? La place que cette bande sera amenée à occuper dans les siècles futurs relève encore de l'inconnu. Elle dépendra en grande partie de facteurs économiques, idéologiques et religieux auxquels elle ne doit rien et qui ne lui doivent rien. Il est d'ores et déjà certain que cette place se jouera entre le caractère européen de son contenu et le caractère universel de son langage... Pourtant, ce succès ne saurait nous faire oublier le drame de son auteur. Certes, Hergé a pour une part puisé la force de sa création dans l'inconfort d'un non-dit familial, mais il en a d'abord, et surtout, payé le tribut. Le travail du secret au sein de l'inconscient s'identifie ici avec celui du destin en ce sens qu'il n'appartient à personne de pouvoir lui échapper, mais seulement de tenter d'infléchir, par des voies propres, son irréductible exigence. Pour Hergé, cette voie fut celle de la création. Une création dans laquelle il nous révèle comment l'artiste peut poursuivre la mise en scène des pensées et des fantasmes d'un autre, son propre père, et pourquoi les représentations qui en résultent ne peuvent justement pas trouver d'autre lieu à leur formulation que dans une œuvre. Mais cette œuvre, de son propre aveu, est loin de lui avoir apporté le bonheur. Et cela même si elle lui a permis, au bout du compte, de se faire un nom différent à la fois de celui de son grand-père officiel et de celui de son grand-père secret. Car, en faisant oublier sous un pseudonyme le patronyme adoptif de son père, Georges Remi a effacé le mensonge de la fausse filiation inventée de toutes pièces. Il est maintenant et pour toujours « Hergé », père de Tintin. Un père qui a tant voulu marquer son fils d'une paternité irremplaçable qu'il a interdit à quiconque d'en prolonger les aventures après sa mort...

Mais là où Hergé a réussi, combien d'autres échouent ? Si l'existence d'un secret familial portant sur les origines ne provoque pas toujours la maladie, tant physique que mentale, il en contient toujours le risque, et la souffrance...

Troisième partie

SECRETS DE FAMILLE
ET
TROUBLES MENTAUX

Répétitions et secrets

Il existe des répétitions d'une génération à l'autre dans toutes les familles. Elles interviennent dans le nombre d'enfants nés à chaque génération, dans le choix d'un métier, dans celui d'un conjoint, son nom ou son prénom, etc. Mais ces répétitions semblent également jouer un rôle important dans l'apparition de certaines maladies ou la date de leur début, dans la survenue ou le déroulement d'un accident, et même dans l'âge ou la date d'un décès. Tout se passe en effet comme si ces situations qui paraissent essentiellement personnelles obéissaient aussi à des répétitions inconscientes. Les constatations ponctuelles dans ce domaine sont fréquentes, en particulier en pratique de thérapie familiale. Quant aux vérifications épidémiologiques, elles étaient jusqu'à présent manquantes, mais la première vient d'être réalisée par deux sociologues, Phillips et Smith [1]. Leur étude

---

1. David D. Phillips et Daniel G. Smith, *Journal of American Medical Association* (Éd. française, 1990, vol. 15, 729-734).

montre, à partir d'un recensement des décès dans deux communautés nord-américaines, que le nombre de ceux-ci diminue dans la semaine précédant une fête rituelle alors qu'il augmente, *exactement dans la même proportion*, dans la semaine qui suit. Cette constation amène les auteurs à se demander : « Peut-on démontrer que certaines personnes parviennent à prolonger leur vie jusqu'aux dates d'anniversaire et celles d'autres événements de signification personnelle ? » En effet, si Phillips et Smith s'en sont tenus dans leur étude, et pour des raisons de commodité expérimentale, à des cérémonies d'importance communautaire, il est tout à fait probable que des événements personnels (anniversaires de naissance, de mariage ou de mort, dates commémoratives familiales, etc.) exercent au moins autant d'influence. De telles répétitions, bien entendu, n'ont pas un caractère anormal. Et c'est seulement dans les cas dramatiques – par exemple le déclenchement de maladies au même âge sur plusieurs générations, ou bien des décès précoces survenus dans les mêmes conditions – qu'elles attirent l'attention du clinicien. Il arrive aussi que, lorsqu'une famille ou un individu s'adresse à un thérapeute pour une souffrance psychique excessive, on découvre derrière les symptômes présentés l'existence de non-dits familiaux remontant à une génération, parfois à deux, ou même plus.

Nous nous trouvons avec cette observation devant un excellent exemple d'interactions entre processus culturels, psychologiques et biologiques.

Secrets de famille et troubles mentaux

Les chercheurs américains qui ont été les premiers à s'intéresser aux mécanismes de transmission dans les familles ont été les premiers à relever l'importance qu'y prennent les secrets. Boszormenyi Nagy s'est en particulier intéressé aux systèmes de dettes qui semblent régir inconsciemment les relations des membres d'une famille, et aux « invisibles loyautés » qui se greffent sur elles [1]. Mais, tout comme les autres auteurs américains, il n'est pas parvenu à proposer une théorie satisfaisante du mode de transmission des secrets, du fait qu'il a voulu faire l'économie de la notion d'appareil psychique et rendre compte des interactions familiales selon un système purement informationnel. En France, la psychanalyste Gisela Pankow a indiqué le rôle joué par les secrets dans les familles de malades psychotiques et montré comment ces secrets perturbent les systèmes relationnels familiaux de telle façon que les mécanismes psychiques qui s'étayent sur eux deviennent perturbés à leur tour [2]. Mais ce sont les psychanalystes Nicolas Abraham et Maria Torok qui ont tenté le plus précisément de s'approcher de l'organisation psychique particulière du porteur de secret, puis de ses descendants [3]. La

---

1. Boszormenyi Nagy (I.) et Spark (G.M.), *Invisible loyalties*, New York, Harper and Row, 1973.
2. En particulier dans *L'homme et sa psychose*, Aubier-Montaigne, Paris, 1969.
3. *L'écorce et le noyau, op. cit.* Afin de clarifier mon propos, j'ai choisi de mettre quelques observations individuelles dans ce qui suit. Mais j'ai renoncé à exposer des situations familiales, sauf sous forme de brèves allusions, du fait de la difficulté à y respecter l'anonymat.

recherche sur les transmissions transgénérationnelles doit aujourd'hui une grande partie de son dynamisme aux avancées qu'ils ont réalisées dès les années 1970. Pourtant leurs travaux ont parfois tendance à ne pas distinguer suffisamment les effets d'un secret qui ne peut pas être dit – le plus souvent à cause de la honte qui l'accompagne – des effets, beaucoup plus graves, d'un événement impossible même à penser. De même qu'ils n'envisagent pas l'ensemble des mécanismes qui peuvent y contribuer.

Enfin, les effets des non-dits familiaux ne sont pas seulement générateurs de troubles. Il peut leur arriver aussi, dans certaines circonstances, de déterminer le contenu de certaines œuvres, voire de favoriser l'engagement dans la création artistique.

La violence du secret

Tout d'abord, comment définir un « secret » ? Il ne suffit pas pour cela que quelque chose ne soit pas dit. Il existe en effet un non-dit interne au fonctionnement mental par suite de choix inconscients, et parce que, de toutes façons, on ne peut pas tout dire au même moment. La vérité que chacun possède n'est dite que par morceaux, suivant l'état de chacun, le lieu et le moment de l'échange, les interlocuteurs en jeu, etc. Pour que l'on puisse parler de secret, il faut que ce qui n'est pas dit fonctionne comme quelque chose à taire. Cela correspond d'ailleurs au sens commun du mot « secret », c'est-à-dire à un événe-

Secrets de famille et troubles mentaux

ment connu d'un nombre limité de personnes qui cherchent à le cacher, ces personnes n'étant pas toujours, dans les familles, les principales concernées, comme dans le cas d'une naissance illégitime où l'enfant peut être le seul à ignorer le nom de son propre père !

Le plus souvent, de tels secrets concernent un événement réprouvé par la loi sociale ou par la morale de la famille ou du clan. Par exemple une relation incestueuse, un vol, un viol, un crime, une filiation hors normes... Mais, parfois, un secret peut aussi être constitué à partir d'un événement dont le principal intéressé ne peut pas parler faute de représentations à travers lesquelles il puisse se le représenter lui-même. Et c'est ce défaut de représentation – différent dans ses effets d'une représentation interdite – qui marquera le sort des générations ultérieures. Nous verrons comment cette distinction entre un événement irreprésentable et un événement représentable mais indicible traverse toute la problématique des non-dits ; comment leurs effets peuvent parfois se cumuler – une partie de l'événement étant indicible, une autre partie irreprésentable – ; et comment ce qui est « indicible » pour une génération peut devenir « irreprésentable » pour les suivantes.

Enfin, à l'autre extrême, un événement vécu par un parent peut être seulement passé sous silence faute de mots pour pouvoir en parler. Mais un tel silence risque toujours d'être vécu par l'enfant comme le signe que quelque chose doit rester caché parce que ce n'est pas bien. C'est ainsi que ce qui n'est qu'un

« non-dit » pour un parent devient un « secret » pour un enfant, avec des dégâts sur sa vie psychique, et éventuellement sur celle de son entourage.

C'est à cause de cette particularité que nous emploierons dans ce qui suit le mot « secret » dans un sens très général. Plutôt que de préjuger du caractère intentionnel ou non du silence maintenu sur un événement, ce sont les causes et les conséquences de tels silences que nous tenterons de comprendre. Il y a en effet une violence terrible du secret. Une violence qui n'est pas seulement celle que le porteur de secret fait à celui avec lequel il établit un lien étroit et intense. Cette violence est aussi celle que celui qui est en contact avec le porteur de secret se fait à lui-même, contribuant en quelque sorte à ses propres dégâts psychiques par une activité mentale qui laisse sa personnalité distordue. En particulier l'enfant, lorsqu'il est confronté à un parent porteur de secret, n'est pas seulement la victime des messages conscients et inconscients du parent. Il est aussi la victime de l'ensemble des interprétations et des réponses qu'il met en place en réaction à ceux-ci, à l'aide des moyens psychiques et sémantiques dont il dispose à ce moment-là dans sa vision enfantine du monde. Et ces réponses subsisteront bien au-delà de la communication avec son parent porteur de secret, et bien au-delà, également, de la maturation des autres secteurs de sa personnalité. Et elles subsisteront avec tous ceux dont l'enfant devenu adulte se rapprochera affectivement. La présence du secret intervient dans toute relation humaine dense, c'est-à-dire dans toute relation d'un individu avec un autre dont il dépend d'abord – comme un enfant avec ses parents – ou qu'il a spécifiquement élu – comme dans la relation amoureuse –. Non seulement toute l'histoire affective de l'individu est en effet réactualisée dans de tels cas, mais aussi les attentes de mise en sens du contenu initial du secret. Et ce n'est pas seulement la logique de répétition qui provoque des perturbations dans la relation, mais aussi ces attentes. Leur réactivation correspond à l'espoir que l'autre, dans l'empathie qu'il lui prodigue, puisse élaborer pour lui le contenu du secret, ou tout au moins l'aider à l'élaborer. Malheureusement, cela exigerait de l'enfant ou de l'élu du choix amoureux qu'il ne s'y laisse pas prendre, et qu'il puisse, face à cette relation, en saisir les tenants et aboutissants. À défaut, il se trouve à son tour pris dans le secret, c'est-à-dire pris dans la confusion et le paradoxe que ce secret organise, s'en faisant le porteur à son tour.

Événements collectifs et secrets privés

Il n'y a pas que les événements privés, ou familiaux, qui puissent être à l'origine de non-dits. Il peut s'agir aussi d'événements collectifs. Deux cas se présentent alors. Le plus souvent, il s'agit d'un événement qui, bien qu'ayant laissé des traces dans la mémoire collective du groupe, a néanmoins été vécu par l'un de ses membres de façon personnelle et incommunicable. Cet événement peut alors être constitué en non-dit pour lui-même – et par contrecoup pour ses

Tintin et les secrets de famille

roches – en marge de la mémoire collective de l'événement. Mais, parfois, un non-dit peut aussi affecter une collectivité dans son ensemble.

Lorsqu'un événement collectif détermine un non-dit de façon isolée chez un individu, c'est toujours parce que cet événement, parallèlement à son caractère collectif, est entré pour lui en résonance avec des couches intimes et profondes de sa personnalité, en particulier en éveillant une honte ou une culpabilité intense. Pour avoir de telles conséquences, cet événement collectif a pu être à l'origine d'un drame privé, comme un décès ou une séparation. Il peut aussi, sans avoir été directement la cause d'un tel événement, lui avoir été associé du fait de la proximité des deux événements dans le temps. Enfin, il peut aussi arriver qu'un tel événement collectif soit vécu par l'un de ses protagonistes comme totalement privé, et mis en relation par lui avec d'autres événements qu'il est le seul à connaître. Ici s'ouvre le vaste domaine des culpabilités secrètes et des superstitions, toujours prêtes à fournir à l'être humain des « explications » aux drames imprévisibles qu'il affronte. La tentation reste toujours forte, en effet, face à un malheur, de s'en croire partiellement ou totalement le responsable pour quelque faute imaginaire, plutôt que d'affronter l'arbitraire d'événements qui échappent parfois à toute responsabilité, comme dans le cas de catastrophes naturelles.

Supposons par exemple qu'une grave sécheresse ait ruiné, au début du siècle, un grand nombre de paysans d'une région. Certains auront réagi à cette situa-

Secrets de famille et troubles mentaux

tion en remontant une affaire. D'autres, du fait de leur fragilité psychique à ce moment, se seront déprimés, voire accusés de mauvaise gestion. D'autres encore auront pu prendre cet événement pour une punition consécutive à des mauvaises actions réelles ou supposées. Une famille frappée par un décès au même moment aura même pu voir dans cette coïncidence un « signe du ciel » pour quelque culpabilité supposée. Dans chacun de ces cas, la façon dont l'événement sera transmis, ou au contraire caché aux générations ultérieures, sera déterminante pour l'avenir personnel, social et professionnel de chacun des descendants. Par exemple l'image d'un ancêtre qui a su lutter dans une situation difficile pourra constituer un puissant stimulant et un encouragement à la persévérance, voire à l'engagement dans une carrière agricole ; l'image de celui qui, ruiné, est devenu ouvrier, pourra inciter la descendance à choisir des carrières dans la fonction publique indépendantes de tels aléas ; enfin le silence sur l'événement vécu comme punition pour des fautes de gestion, voire des fautes morales sans aucun rapport avec l'événement, déterminera un halo mystérieux autour duquel l'enfant sera, bien malgré lui, condamné à « fantasmer ». La réaction affective – subjective – du parent à l'événement constitue pour l'enfant la donnée objective de son monde. Et tel enfant dont le père aura attribué sa ruine au hasard n'orientera pas sa vie de la même façon que celui dont le père s'en sera senti responsable ; et pas de la même façon non plus selon que responsabilité aura été vécue comme une conséquence de la logique des affaires ou bien comme une punition venant sanctionner une faute, réelle ou imaginaire.

Enfin, si un événement collectif peut ainsi déterminer un non-dit pour un individu isolé, voire pour une famille, il arrive également que l'impossibilité de parler d'un événement touche une collectivité dans son ensemble. Il s'agit de situations dans lesquelles un grand nombre de participants de la collectivité se sont trouvés impliqués et que pourtant la collectivité dans son ensemble n'a pas pu aborder. L'événement reste alors « sans mémoire ». et la famille est à la fois actrice et victime du silence collectif, le subissant et le reproduisant faute de mots véhiculés par le groupe et grâce auxquels l'événement pourrait familialement être parlé. Les guerres perdues et honteuses, mais aussi toutes les « causes glorieuses » qui ont fait des milliers – ou des millions ! – de morts avant de se retrouver condamnées, forment le contingent principal de telles situations...

On voit donc comment débute un « secret ». Il faut d'abord qu'à une génération, un individu ou un groupe se trouve incapable de parler de ce qu'il a fait, de ce qu'il a laissé faire, ou seulement de ce dont il a été le témoin, même impuissant. Autrement dit, s'il existe des traumatismes qui, une fois surmontés et parlés, n'engendrent pas de secret, il y a souvent, à l'origine d'un non-dit et du secret qu'il finit par organiser, un événement traumatique non surmonté.

Secrets de famille et troubles mentaux

Les principaux événements à l'origine de « secrets » aujourd'hui

Peut-on dresser la liste des événements à l'origine des « non-dits » ? C'est évidemment impossible puisque leur nature varie selon les pays et les époques, avec l'évolution des mœurs et de la loi, et même selon les personnes. Ces événements ont cependant le plus souvent trait à la mort et à la filiation. Sans que cette liste soit limitative, de nombreux secrets privés ont ainsi été organisés, jusqu'à ces dernières années, autour d'avortements clandestins, voire d'infanticides, de fortune frauduleuse ou dilapidée, d'adultères, de prison ou d'internement psychiatrique, d'enfants naturels, voire résultant d'incestes ou de viols, d'enfants nés avant mariage ou nés avec une malformation que leurs parents ont cherché à cacher, ou encore d'enfants adoptés à l'Assistance Publique et que leurs parents adoptifs ont cherché à faire passer pour des enfants naturels, en général pour cacher une stérilité...

Quant aux événements collectifs susceptibles d'engendrer des secrets privés, le SIDA, aujourd'hui, si on n'y prend pas garde, risque de constituer une maladie à haut risque pathogène pour les générations ultérieures. En effet la honte qui l'entoure peut conduire à créer des secrets autour de son existence ou de son mode de déclenchement. Tel est en particulier le cas des familles où le développement des signes de la maladie chez un mari ou un père fait suspecter par son conjoint ou ses enfants l'éventualité d'une homosexualité, mais où celle-ci est trop culpabilisée pour pouvoir être révélée.

Enfin, en ce qui concerne les événements collectifs pouvant engendrer non seulement des non-dits privés, mais aussi des non-dits collectifs, le nazisme d'une partie de la population française sous l'occupation, et la participation des forces de l'ordre de l'État de Vichy à l'extermination des Juifs constituent, dans notre pays, un tel événement, tout comme certaines pages de la guerre d'Algérie. Ces histoires restent à instruire, non pour quelques historiens, mais collectivement, c'est-à-dire par une information générale utilisant les médias et le système scolaire. Il en est en effet d'un événement historique collectif resté secret comme d'un événement historique individuel. Le second produit dans les générations suivantes des angoisses inexplicables et des comportements bizarres pour un individu isolé ; le premier produit ces mêmes angoisses et ces mêmes comportements pour un groupe dans son entier, ou, le plus souvent, seulement pour les membres les plus fragiles de ce groupe [1].

Après avoir privilégié le caractère privé ou social des événements générateurs de non-dits – selon que cet événement a été totalement privé, collectif mais vécu de façon privée, ou bien majoritairement collec-

---

1. Au moment où je relis ces pages, les tombes profanées et la bizarrerie macabre des événements survenus au cimetière de Carpentras me paraissent constituer un tel retour de la mémoire occultée, et imposer, dans notre pays, l'urgence d'une information sur les pages noires de la collaboration.

tif –, nous allons maintenant envisager les différents mécanismes psychiques qui peuvent s'y trouver mis en cause. Depuis le simple silence faute de mots pour parler l'événement jusqu'à l'événement impensable, en passant par le secret partagé avec un tiers.

Des mots pour le dire

Quand l'être humain vit une situation, il doit avoir des paroles qui humanisent son expérience. Sinon cette expérience reste insoluble, qu'elle soit pénible ou joyeuse.

Le psychanalyste hongrois Sandor Ferenczi a proposé de donner le nom d'« introjection » à ce processus de mise en mots des expériences relationnelles [1]. Chez le bébé, les premières introjections qui permettent l'intériorisation de la relation avec la mère sont organisées par les expériences sensori-motrices liées aux différents modes de contact avec elle, tactile, nourricier, sonore, olfactif, postural... Mais après la seconde année, le processus de l'introjection se fonde surtout sur le langage. Grâce à lui, les expériences relationnelles et les désirs qui s'y manifestent constituent la base de modèles reproductibles. L'introjection se réalise en effet toutes les fois où un être humain, enfant ou adulte, peut échanger ses impressions et ses sentiments avec l'autre protagoniste de la situation

---

1. Sandor Ferenczi, « Transfert et introjection », in *Œuvres complètes*, tome 1, Payot, Paris, 1982.

Tintin et les secrets de famille

autour des désirs qui s'y trouvent mobilisés. En ce qui concerne l'enfant, c'est le parent qui est appelé à donner un sens, par ses mots, à ce que l'enfant éprouve, observe, ressent. Et il doit même commencer à parler à l'enfant bien avant que celui-ci ne commence à posséder le langage articulé. Ce sont ces paroles qui rendent l'expérience, quelle que soit sa nature, humaine, c'est-à-dire dicible. Grâce à ces mots échangés ou seulement entendus, l'enfant est introduit au monde de la relation et donc de l'échange. Grâce à eux, il installe en lui les relations où ces expériences sont intervenues et les désirs qui s'y sont trouvés mobilisés. Et ce sont ces relations et ces désirs mis en mots qui lui permettent de nouer, sur le même modèle, de nouvelles relations. Ainsi le processus de l'introjection promeut-il des modèles psychiques susceptibles d'enrichissements et de complexifications permanentes, et les relations toujours plus riches et complexes qu'ils permettent. L'être humain possède ainsi, grâce à l'introjection, la possibilité d'accroître indéfiniment la palette de ses réactions...

Par contre, lorsque ce processus échoue, nous avons affaire à une forme d'inclusion, au sein de la personnalité, de l'expérience qui n'a pas pu être mise en mots. Cette expérience trouve alors place dans le psychisme non pas sous la forme d'une structure relationnelle susceptible d'adaptations infinies, comme c'est le cas dans l'introjection, mais sous une forme pour ainsi dire fossile, définitivement fixée et non modifiable. De telles inclusions s'accompagnent de « fantasmes d'incorporation », c'est-à-dire que le sujet se représente la mise à l'intérieur de son psychisme de l'expérience pénible sous la forme d'une mise à l'intérieur de son corps d'un élément ou d'un personnage de cette relation (et c'est pourquoi on désigne parfois de telles inclusions du nom d'« incorporats »). Elles surviennent toutes les fois où les sentiments vécus par un sujet, enfant ou un adulte, face à une situation pénible, ne reçoivent pas l'écoute ou l'accompagnement que leur expression nécessiterait, voire se trouvent empêchés dans leur reconnaissance. De telles circonstances sont malheureusement très fréquentes. Et c'est d'ailleurs à leur résolution qu'est consacrée une grande partie du travail d'une psychanalyse : par la mise en mots, dans le transfert, des expériences restées muettes... Car ces incorporations, si elles sont muettes, sont loin d'être silencieuses ! Elles peuvent en particulier se manifester sous la forme de fantasmes, d'émotions, de sentiments et de comportements qui traduisent une identification partielle de l'individu porteur d'« incorporat » aux différents protagonistes des situations qui ont été à leur origine. C'est qu'au moment de la situation douloureuse, l'individu a enfermé à l'intérieur de sa personnalité – dans une partie de son « Moi » – l'image des différents protagonistes de la situation – y compris celle de lui-même enfant à ce moment-là – avec les sentiments qui leur correspondent, frayeur, colère, honte, etc. Ou, plus précisément, l'image des protagonistes de la scène tels qu'il les a perçus à ce moment-là avec les sentiments qui leur a prêtés. Et c'est à ces différentes images fixées qu'il peut tendre à s'identifier dans certaines circonstances de la vie, en éprouvant et en manifestant les sentiments, les émotions et les paroles qu'il a pu observer ou imaginer de la part des différents protagonistes du drame. Par exemple, un sujet affecté par un deuil non résolu pourra présenter les mêmes symptômes que le mourant auquel il était attaché, la même maladie... voire même décéder à la date anniversaire du décès de son proche en se confondant totalement avec lui pour tenter de le retrouver !

Pourtant, quels que soient ses effets pathogènes, cette forme de clivage qu'est l'incorporation fonctionne d'abord comme un mécanisme de défense [1]. En disant l'expérience pénible, le sujet isole en quelque sorte tout ce qui concerne son souvenir douloureux dans un coin de son esprit. Autrement dit, il peut continuer à faire face aux situations de la vie quotidienne au prix de laisser en attente, dans une partie de son psychisme, la difficulté qui ne peut pas y être présentement résolue. On voit donc que l'incorporation fonctionne d'abord, dans la dynamique psychique, comme un clivage destiné à être temporaire. On pourrait presque la désigner pour cela comme un clivage « fonctionnel ». Malheureusement, il y a toutes les chances pour que, la vie apportant sans cesse de nouveaux problèmes, et à défaut de psy-

---

[1]. Sandor Ferenczi est le premier a avoir pointé cette caractéristique du clivage post-traumatique comme mode de défense – et dans les cas graves, de survie – psychique (in *Journal clinique*, Payot, Paris, 1985).

Secrets de famille et troubles mentaux

chothérapie pour aborder et résoudre de tels clivages, ces incorporations finissent par devenir durables. Cela se passe en particulier dans la relation entre un parent et un enfant. En effet, un clivage chez l'enfant vient toujours répondre au clivage chez le parent du fait de son incapacité à mettre en mots certains événements cruciaux de sa propre histoire. Dans de telles circonstances, bien que le parent garde le plus souvent le silence faute de mots pour raconter son expérience, il ne peut pas empêcher que son silence soit vécu par l'enfant comme répondant à la nécessité de cacher quelque chose parce que c'est honteux, autrement dit parce que ce n'est pas bien. Et cela même si l'événement en cause a été vécu sans honte par le parent, comme le décès d'un proche, ou même s'il est plutôt glorieux, comme une persécution pour raisons politiques. L'enfant fantasme alors autour de ce qui ne lui est pas dit, et peut même aller jusqu'à mettre en scène, dans sa propre vie, le contenu ignoré du secret !

Observation de Mme M.

Mme M. vient demander une aide pour de graves échecs, tant professionnels qu'affectifs. Son mari est décédé quelques années auparavant et il apparaît qu'elle ne parvient pas à élaborer le deuil de cet homme. Elle n'a rien éprouvé à sa mort, survenue accidentellement, n'a pas pu aller voir son corps à la morgue, ni non plus assister à son enterrement. Un travail est entrepris avec elle, portant sur la remémoration de ses relations avec lui et ses différents sentiments à son égard, en particulier au moment de sa mort (honte, agressivité, culpabilité, colère, tristesse, etc.). Mme M. se sent mieux, et peu à peu l'image de sa propre sidération au moment du décès de son mari laisse place au souvenir de sa mère en pleurs, quand elle avait six ans. Sa mère avait alors disparu quelques jours pour un voyage, et Mme M. se rappelle peu à peu comment le comportement de celle-ci avait été transformé à son retour. En questionnant sa mère à ce moment-là de sa psychothérapie, Mme M. finit par apprendre que celle-ci avait dû s'absenter à la suite du décès brutal de ses propres parents, mais qu'elle était arrivée trop tard pour pouvoir participer à leur enterrement. Cette femme avait été tellement bouleversée par l'ensemble de ces événements qu'elle n'avait jamais pu en parler avec sa fille, la future Mme M. Celle-ci s'était alors trouvée en situation de revivre l'événement survenu à sa mère. Le hasard l'ayant confrontée précocement à la mort de son mari, elle y avait réagi habitée par les événements vécus et cachés par sa mère. Elle avait en effet mis à l'intérieur d'elle la douleur d'origine inconnue de sa mère, et cette douleur avait déterminé sa perception du monde et ses attitudes sociales dans le sens des contenus psychiques maternels qu'elle s'était appropriés. En d'autres termes, l'événement survenu à la mère, parce qu'il était resté non-dit, s'était transmis à la fille en déterminant chez elle des comportements identiques à ceux de la mère, mais inadaptés aux situations nouvelles, comme son absence, qu'elle ne parvenait pas elle-même à s'expliquer, à l'enterrement de son mari.

Enfin, le plus souvent, lorsqu'un non-dit marque durablement la relation parent-enfant, c'est que la situation n'est pas seulement cachée faute de mots pour la dire, mais parce qu'elle est vécue avec honte et culpabilité (comme le fut d'ailleurs probablement le retard de la mère de Mme M. l'ayant empêchée de participer à l'enterrement de ses propres parents). Seule en effet la honte conduit à la fois à cacher un événement et à vouloir cacher que quoi que ce soit ait été caché.

La honte

Parfois, le prétexte invoqué pour garder le secret est la crainte de provoquer de la peine à autrui ; et, quand il s'agit d'un enfant, l'affirmation selon laquelle il « serait trop petit pour comprendre ». En fait, ce qui rend difficile à un individu de trouver des mots satisfaisants pour dire un événement est souvent le poids de culpabilité ou de honte qui lui est attaché. Ainsi un père peut-il cacher à ses enfants qu'il est au chômage, et leur faire croire qu'il continue à aller travailler ; ou bien un parent qui est en prison peut faire croire qu'il a dû s'absenter pour l'étranger, l'un et l'autre devant ensuite prolonger leur mensonge, etc. L'écho assourdi et modifié de tels événements, lorsque le secret est particulièrement pesant, peut perturber plusieurs générations successives à travers les relations nouées entre parents et enfants...

Enfin, précisons encore que de tels événements honteux et incommunicables peuvent déterminer des secrets de deux façons : directement, lorsque le protagoniste concerné décide lui-même de ne rien dire ; ou indirectement, lorsqu'il fait le récit de l'événement à un tiers privilégié qui décide alors, pour des raisons qui lui sont propres ou qu'il partage avec le détenteur initial du secret, de se taire. Par exemple, une femme mariée ayant un enfant illégitime se trouvera d'emblée en situation de porter un secret. Mais si elle en parle à son fils, ce pourra être lui qui constitue un secret douloureux autour de cette situation. Ou bien un enfant qui apprend de la bouche de son père que la fortune familiale est d'origine frauduleuse ou liée à une délation (ou encore que ce père, que chacun s'accorde à reconnaître pour un parfait mari et père, a eu un enfant d'une autre femme que son épouse légitime...) peut décider de garder secrète cette situation afin que ni l'entourage, ni ses propres enfants n'en sachent rien. Les situations d'humiliation d'un parent dont un enfant est le témoin ou le confident sont elles aussi très propices à l'organisation de secrets douloureux. En effet, s'il est très difficile d'évoquer des humiliations dont on a été soi-même la victime – et plus encore si c'est de la part d'êtres chers –, il est encore plus difficile d'évoquer celles dont ont été victimes ceux qu'on aime. Car alors le récit de l'événement ne peut obéir à aucune nécessité de vengeance, et seul existe le sentiment de risquer d'humilier à nouveau celui qu'on aime en racontant les humiliations dont il a été la victime.

Lorsqu'il existe un tel non-dit recouvrant une honte chez un parent, il est courant que l'enfant soit non seulement soumis à des silences, mais qu'il reçoive aussi de la part de l'adulte des messages destinés à le détourner de la compréhension intuitive et juste qu'il pourrait avoir de la situation. Par exemple, un adulte peut empêcher un enfant de reconnaître la valeur de ses émotions en les nommant à contresens. Tel est le cas lorsqu'il qualifie de caprice insupportable l'expression d'une douleur ou d'une inquiétude légitime de l'enfant, notamment en cas de séparation, lorsqu'il veut lui-même se protéger du risque du surgissement d'une douleur semblable chez lui, douleur qui pourrait réveiller celle d'un événement indicible de sa propre histoire. L'adulte peut aussi tromper l'enfant sur le sens de ses perceptions en démentant par exemple que lui-même, parent, soit triste ou en colère alors que l'enfant a normalement perçu ces sentiments chez lui.

Observation de M. C.

M. C. « découvrit » l'alcoolisme de son père très tard. En fait, il en avait une connaissance intuitive depuis fort longtemps, mais qu'il n'avait jamais pu se préciser parce que ce père et son épouse, la mère de M. C., avaient tout fait pour le lui cacher. Devenu adulte, M. C. s'était mis à boire, « comme son père » disait-il, ajoutant qu'il tentait par là de connaître ce que son père avait vécu et dont ni l'un ni l'autre n'avaient jamais parlé. Il vivait cet alcoolisme dans la honte, qui était pour une part une honte vécue par le fils pour être imaginée au père, le geste de boire et cette honte représentant deux moyens complémentaires de tenter de réduire la distance entre eux et la souffrance attachée à celle-ci. Pourtant, la reproduction de la honte ne se limitait pas ici à cette seule répétition d'un comportement apparent, l'alcoolisme (qui disparut d'ailleurs assez rapidement lorsque le désir de compréhension et de rapprochement du père qui le sous-tendait fut mis à jour). La honte s'était en effet logée au cœur d'un autre comportement de cet homme, autrement plus difficile à modifier puisqu'il s'agissait de son orientation professionnelle. En effet, son père était ingénieur. Après de brillantes études secondaires, ce fils avait choisi de devenir instituteur, mais avait toujours vécu ce statut professionnel avec honte. À tel point qu'il le cachait, reproduisant ainsi avec d'autres moyens (le métier et non l'alcool), la honte supposée au père. La mère étant institutrice, on aurait pu dire ici qu'il y avait continuité de la profession maternelle. Mais cette continuité masquait en fait une reproduction plus essentielle, celle de la honte paternelle que l'enfant avait pour consigne implicite de « ne pas voir ». Lorsque cette situation eut été explorée, le patient démissionna de son poste d'instituteur et devint commerçant. On peut d'ailleurs se demander si « la honte à boire » cachée du père n'aurait pas été elle-même le résultat d'une transmission en équivalence

Secrets de famille et troubles mentaux

d'une honte de son propre père liée à une situation socialement réprouvée, voire délictueuse, et pour cela restée cachée...

Enfin, il peut arriver que la situation inaugurale de non-dit soit encore plus marquée du sceau de l'incommunicabilité du fait de l'injonction de secret qui en marque d'emblée l'origine.

Le secret

Les injonctions de secret concernent le plus souvent des situations au cours desquelles un sujet, enfant ou adulte, a partagé un plaisir sexuel clandestin, ou bien en a été le témoin ; et celles où il a vécu une souffrance indicible dans une situation criminelle, là encore comme agent ou comme témoin. Il s'agit alors de cas particulièrement aggravés d'incorporation. En effet, la possibilité de mise en mots, qui soulagerait le sujet en lui permettant de cesser de cliver l'expérience pénible (et qui lui permettrait donc de l'introjecter), ne relève plus seulement de sa dynamique psychique propre médiatisée par les occasions qui peuvent se présenter à lui. Elle relève aussi de « l'autorisation » d'un autre. Ce sont de telles situations qu'on appelle couramment « secrets », dans lesquelles l'expérience en cause est initialement partagée avec un (ou plusieurs) autre(s), et entachée d'une très forte honte. De telles incorporations ne sont plus closes en attente de jours meilleurs où elles pourront être ouvertes, comme dans les cas de manque de mots pour dire les choses (dans les situations d'« incorporats » simples), mais véritablement « closes par nécessité ». En particulier, alors que le porteur d'« incorporat » pouvait s'astreindre lui-même à garder un secret, un porteur de secret partagé est la première victime du clivage violent et irréductible que la situation initiale a installé en lui. C'est un tel événement que désigne l'héroïne de Stefan Zweig, à la fin de *Vingt-quatre heures de la vie d'une femme*, après avoir ouvert son cœur au narrateur : « Alors la pierre qui pèse sur mon âme retombera de tout son poids sur le passé, qu'elle maintiendra comme dans un caveau, en empêchant qu'il ne se réveille ».

Un tel clivage écarte en particulier le risque de porter atteinte à l'image du co-porteur du secret (qui serait mis en cause par sa divulgation) ou, s'il est décédé, à sa mémoire. Par exemple, dans le cas d'un viol subi par un jeune enfant de la part d'un membre de la famille, cette protection touche bien entendu le violeur que l'enfant doit pouvoir continuer à respecter dans les diverses circonstances de la vie quotidienne, mais aussi ceux et celles qui, informés par l'enfant ou même spectateurs du fait, ont « fermé » les yeux, voire ont traité l'enfant de menteur.

Enfin, de telles situations de secret partagé et indicible, déjà très difficiles à gérer pour un sujet – avec les effets que cette difficulté mobilise dans ses relations avec ses proches, en particulier ses enfants –, peuvent devenir totalement insolubles par le décès de son (ou de ses) autre(s) protagoniste(s).

Secrets de famille et troubles mentaux

Le secret et la crypte

Le mot de « crypte » a été choisi par Nicolas Abraham et Maria Torok pour désigner ce qui se passe toutes les fois qu'un sujet est lié par un secret à un autre, mais qu'il se trouve devoir renoncer à tout espoir de le partager – ou d'en être délié – par la disparition – c'est-à-dire le plus souvent le décès – de l'autre protagoniste de la situation. Alors la perte ne peut même pas s'avouer en tant que perte, et le sujet tente de garder l'autre vivant en lui, vivant en quelque sorte à ses dépens dans une partie non seulement clivée, mais aussi solidement « verrouillée » de son Moi. La « crypte » est donc d'abord un cas particulier d'incorporation, un cas particulièrement intense et dramatique. Comme toute incorporation, c'est un état clivé du Moi. Mais à la différence de l'incorporation simple, qui est un mécanisme « ouvert » et en attente de résolution, la crypte se caractérise par son caractère fermé et définitif.

Pour désigner le mécanisme psychique par lequel l'événement en question se trouve ainsi enfermé avec l'ensemble des images et des sensations qui lui étaient liées, Nicolas Abraham et Maria Torok ont créé le nom de « refoulement conservateur ». Ce choix montre à la fois la similitude et la profonde différence avec le mécanisme du « refoulement dynamique » décrit par Freud. Rappelons que ce dernier résulte de la tension entre le désir et l'interdit, autrement dit entre les exigences de l'inconscient à la satisfaction et celles de la censure (qui émane des instances interdictrices de la personnalité en n'accordant à chacun le droit qu'à certaines formes de satisfaction en fonction de son éducation et de la morale sociale environnante [1]). Le compromis que cette tension suscite se traduit par des manifestations de « retour du refoulé » – notamment les rêves, les lapsus et les symptômes – qui signent en quelque sorte l'existence du refoulement en constituant la seule preuve de son existence. Mais les situations violentes génératrices de clivages graves comme un viol ou un crime – ou même les situations de secret génératrices de clivages moins dramatiques –, rendent ce mécanisme inopérant. En effet, dans le refoulement, il y a conflit entre le désir et l'interdit qui lui est opposé ; et c'est pourquoi le désir se trouve refoulé. Au contraire, dans le cas de situations génératrices de secret, un désir ou (et) une crainte s'est (se sont) réalisé(s), et rien ne peut faire qu'il n'en ait pas été ainsi. L'acte n'est pas redouté. Il a déjà eu lieu. Et cet acte est condamné à la fois à ne pas pouvoir être rejeté hors de soi – parce que c'est une expérience essentielle – et à ne pas pouvoir être assumé publiquement – à cause de la honte et des liens inconscients qui unissent le sujet aux autres protagonistes du drame –. Autrement dit, son effacement est impossible, tout autant que son deuil [2]. Et c'est

---

1. Sigmund Freud, *Métapsychologie*, Idées/Gallimard, Paris, 1968.
2. Maria Torok, Préface à Nicolas Rand, *Le cryptage et la vie des œuvres*, Aubier, Paris, 1989.

pour cela qu'un tel événement est isolé dans une espèce d'inconscient artificiel à l'intérieur même du Moi, d'où il pourra étendre son ombre sur tout ou partie de la personnalité telle qu'elle se manifeste dans la vie relationnelle.

Les mots du secret

Les mots par lesquels un secret pourrait être révélé sont toujours très fortement investis par son porteur. Et plus ce secret lui « brûle les lèvres », comme le dit le langage commun – c'est-à-dire plus il est lourd à porter et plus le désir de s'en soulager est fort –, et plus ces mots risquent de surgir de manière involontaire dans ses propos. Mais comme ces mots sont impossibles à prononcer, ils ne pourront se révéler qu'indirectement – et à l'insu même du porteur de secret – à travers des allusions ou des coïncidences phonétiques. Dans le cas de crypte où le secret est à la fois excessivement honteux et totalement enkysté, ce « travail des mots » est particulièrement important. Les parois de la crypte, nous dit en substance Nicolas Abraham, sont construites avec eux. Ou plutôt, comme ces mots du secret sont enfermés à l'intérieur même de la crypte (sur la face interne de ses parois, pourrait-on dire), les faces externes de celle-ci (qui interviennent dans la vie relationnelle du sujet), sont construites avec les nombreux rejetons que les règles de la linguistique vont générer à partir des mots du secret. Ainsi, dans le cas de crypte, les mots chargés de proche en proche du poids du secret à partir des mots initiaux imprononçables ne témoignent pas de la psychologie propre du sujet, mais seulement de l'action des règles linguistiques appliquées à ces mots initiaux. C'est là un point commun avec certaines conceptions de Lacan. Un point commun auquel s'oppose, il est vrai, une divergence essentielle. Dans le cas de crypte, le point de départ de la transformation de la matière de ces mots – ou, si on préfère, de ces « signifiants » – n'est pas un « signifiant originaire », mais une signification : celle qu'a prise pour le sujet la situation inaugurale du secret. Et ce sont les significations – ou, si on préfère, les « signifiés » – qui régissent les opérations de changement de signifiants chargés de supporter le secret.

Nicolas Abraham et Maria Torok distinguent quatre types de transformation des mots du secret correspondant à quatre possibilités de transformation grammaticale. Ces quatre types de transformation donnent naissance à quatre catégories de mots chargés de commémorer de façon « cryptée » le secret initial : les homonymes, les paronymes, les allosèmes et les cryptonymes des mots du secret. Envisageons successivement chacune d'entre elles.

Les *homonymes*, tout d'abord, sont des mots de prononciation identique à celle du mot du secret, mais de sens différent ; par exemple « seing » pour « sein », ou bien « trois » pour « Troyes ». Dans *Tintin*, « l'oiseau » montré par la victime des frères « Loiseau » est un homonyme du nom de ceux-ci, attirant l'attention sur « l'oiseau » principal du secret,

« l'Aigle », ancien propriétaire de Moulinsart et généreux donateur de ce château au chevalier de Hadoque.

Les *paronymes* sont des mots dont la phonétique est proche de celle des mots du secret, bien qu'un peu différente. Ce sont en quelque sorte des « presque homonymes ». Nicolas Abraham donne l'exemple du mot « Käfer » – signifiant en allemand « coléoptères » – pour un patient dont la curiosité pour ces insectes était en relation avec la question secrète de sa mère enceinte de lui, et qui se demandait secrètement « que faire ? », partagée qu'elle était entre l'éventualité d'un mariage avec le père de l'enfant et celle d'un avortement clandestin [1]. Dans *Tintin*, le mot « Aigle », venant à la place du mot « Aïeul » est un paronyme.

Les *allosèmes* correspondent à d'autres sens des mots du secret. Par exemple, le mot « meurtrière » pour désigner une fenêtre étroite est une autre signification du même mot pour désigner une femme coupable de meurtre. À vrai dire, ces allosèmes ne sont jamais prononcés. Ils sont bannis du langage, et ne peuvent apparaître que sous la forme de figuration visuelle, dans les rêves et les fantasmes, ou bien intervenir sous la forme d'équivalents agis, dans des symptômes ou des choix de vie. Dans l'exemple donné précédemment, on peut imaginer que le secret autour de la « meurtrière » puisse se manifester par un attrait

---

[1]. Nicolas Abraham, *op. cit.* Mais c'est dans *Le Verbier de l'homme aux loups* que ces multiples transformations sont le mieux précisées (Aubier-Flammarion, Paris, 1976).

Tintin et les secrets de famille

irrésistible et angoissant exercé par les petites fenêtres, ou bien guider certains choix professionnels, comme la menuiserie des huisseries. Dans *Tintin*, les multiples requins qui menacent les héros tout au long de leurs aventures maritimes et sous-marines évoquent le grand-père secret, « requin » parce que coupable du déshonneur d'avoir abusé de Marie Dewigne avant de l'abandonner avec ses enfants.

    Enfin, ces allosèmes qui ne sont jamais prononcés sont remplacés dans le langage par l'insistance sur des mots ayant l'une de leurs significations latérales. Ce sont eux que Nicolas Abraham et Maria Torok ont appelé des *cryptonymes*. Le choix de ce terme désigne le fait qu'ils n'ont plus, en apparence, aucun rapport phonétique ou sémantique avec le mot interdit. Dans l'exemple évoqué, les mots « créneau » ou « barbacane » pourraient jouer ce rôle. Leur insistance dans le langage, ou encore leur investissement agi dans des passe-temps, des choix professionnels ou même amoureux (par exemple le choix d'un conjoint au nom évocateur) pourraient constituer le témoignage encrypté du secret indicible. Dans *Tintin*, le nom de Haddock est un tel cryptonyme. En effet, le nom de poisson du capitaine est un synonyme d'« aiglefin », ou encore « aigrefin », ce dernier mot ayant aussi les sens d'escroc, de filou, et de… chevalier d'industrie ! Ainsi le patronyme du personnage que Hergé a désigné pour le représenter lui-même est-il un cryptonyme d'un mot qui peut désigner le père secret d'Alexis et Léon à la fois dans son forfait (un filou qui a grugé une femme en lui faisant croire à son

Secrets de famille et troubles mentaux

amour, tout comme Faust gruge Marguerite dans l'opéra de Gounod), et dans sa qualité professionnelle possible : un chevalier d'industrie...

Tout cela montre la complexité du travail du langage dans le secret ! Pourtant, au-delà de leur complexité, toutes ces transformations obéissent finalement à un seul principe et à un seul but. Ce principe, c'est celui de la contiguïté de la signification des mots qui constituent les pivots des transformations successives, et l'indifférence de ces transformations par rapport aux représentations de choses qu'ils recouvrent. Quant au but suivi par l'ensemble de ces transformations, il est également toujours le même. Les mots générés à partir des mots du secret, tout comme leurs équivalents agis ou transformés en images visuelles, ont pour fonction de préserver la possibilité d'une reviviscence d'émotions et de sensations que le sujet a dû se cacher à lui-même au cœur de l'événement. En particulier une jouissance qu'il n'a pas pu reconnaître comme telle du fait de la très forte culpabilité qui l'entourait. Claude Nachin donne ainsi l'exemple d'une femme ayant construit une partie de sa vie autour des sonorités privilégiées du mot « Requiem », ce mot renvoyant pour elle à la messe des morts dont un bébé de sa sœur aînée, sacrifié, n'avait pu bénéficier et dont elle portait le secret douloureux [1]. Dans le cas de Hergé, les mots du secret ayant marqué son enfance étaient probablement organisés autour de l'amour secret et déçu de Marie

---

[1]. Claude Nachin, *Le deuil d'amour*, Éd. Universitaires, Paris, 1989.

Dewigne, de son ambivalence vis-à-vis du père de ses enfants, et des sentiments également partagés d'Alexis vis-à-vis d'elle et de son père.

Enfin ces manifestations sémantiques, aussi importantes soient-elles, ne sont pas la seule traduction d'un secret. Il faut leur ajouter les effets particuliers au clivage que nous avons placés dans toute situation de secret, qu'il s'agisse d'une situation d'incorporation simple ou d'un secret partagé et verrouillé.

Les manifestations du clivage

Confronté à des lieux, des événements, des propos tenus autour de lui ou par ses proches, le porteur de secret peut se troubler, présenter des malaises, des actes manqués, des poussées de colère ou de gêne sans rapport avec la situation apparente, etc. C'est que le porteur de secret est toujours partagé. D'un côté, il veut préserver disponible l'événement tenu caché. En effet, dans la mesure où celui-ci porte sur un événement essentiel de son histoire, voire de sa lignée, il ne peut jamais renoncer au désir de l'intégrer un jour à son histoire consciente et à sa personnalité. Autrement dit, et pour reprendre la formulation de Ferenczi, il ne renonce jamais totalement au désir de pouvoir un jour « introjecter » les désirs qui étaient liés à cette situation. Mais d'un autre côté, à cause des jugements qu'il porte sur cet événement – ou plutôt que ses instances critiques intériorisées portent sur lui –, il veut s'en débarrasser, autrement dit expulser cet événement hors de lui comme s'il n'avait jamais existé. C'est pourquoi il préserve la représentation de l'événement (son existence ne fait pas problème pour lui et il sait qu'il le connaît), et en même temps, il tente d'effacer les chemins qui pourraient révéler aux autres son secret. Et pour satisfaire à cette double exigence, il s'organise des chemins détournés et méconnaissables afin de garder des accès invisibles à son propre désir et à la possibilité d'en éprouver les contenus à l'insu de tous. Mais ceux-ci, en témoignant de la force avec laquelle cette partie de lui-même aspire à venir au jour, lui font aussi courir le risque de trahir son existence à ses proches, comme nous le verrons plus loin…

Par ailleurs, il est impossible d'évoquer le clivage sans évoquer les effets de « projection » qui lui sont liés. J'ai signalé en effet, en parlant des « incorporats », que le sujet pouvait s'identifier à certains personnages de son histoire qui ont été pour lui à l'origine d'émotions impossibles à élaborer. Mais il peut aussi tendre à y identifier certains de ses proches afin de rejouer avec eux la situation traumatique. Une telle attitude obéit toujours à une logique inconsciente de résolution et de recherche de l'apaisement, même si elle aboutit pratiquement toujours, faute qu'y soient prononcés les mots adéquats, à une répétition sans fin. Par ce mécanisme, l'individu rejette de sa conscience une représentation, ainsi que l'émotion qui l'accompagne, en les projetant sur une personne de son entourage qu'il identifie ainsi à celles-ci. Si cette personne est très dépendante de l'image que l'individu en question se fait d'elle – comme l'est justement un enfant par rapport à un parent –, elle va alors tendre à se modeler sur cette représentation, certaine d'avoir, par là, sa place toute faite dans le monde interne, ou, si on préfère, ici, dans le cœur de cet individu. Par un tel mécanisme, un individu provoque donc inconsciemment chez d'autres les sentiments et les comportements correspondant à des pensées qu'il a rejetées de lui-même. Et ce phénomène se transmet volontiers sur plusieurs générations, chacune agissant avec ses propres enfants comme ses propres parents l'ont fait avec elle. L'enfant du parent porteur du secret peut ainsi se trouver identifié malgré lui à une partie de la personnalité du parent en liaison avec le secret, ou même être l'objet d'une identification projective dont son propre parent avait été lui-même la victime de la part d'un tiers, familial ou extra-familial, et dont il cherche maintenant à se débarrasser en la faisant en quelque sorte endosser à un autre. Mais les cas les plus graves sont ceux où l'enfant se trouve au foyer de convergence d'identifications projectives complémentaires provenant des différents maillons de la chaîne des générations. Ainsi un adolescent peut-il être chargé d'incarner certains aspects honteux et néanmoins essentiels d'un grand-parent disparu, et en être chargé à la fois par le grand-parent survivant, par son propre parent, et par ses oncles et tantes (ou même grands-oncles et grands-tantes...), tous porteurs du même secret douloureux.

Secrets de famille et troubles mentaux

Enfin le refoulement dynamique tel que Freud l'a décrit – c'est-à-dire comme un conflit entre un désir et son interdiction, avec les effets de compromis et de « retour du refoulé » qui en résultent – peut également accompagner l'existence de certains secrets. Cela se produit en particulier lorsqu'un secret est constitué autour d'un désir partagé, par exemple dans une séduction sexuelle entre frères ou sœurs d'âges proches [1]. Le cas est pourtant exceptionnel et le refoulement dynamique, dans le cas de secret, porte en règle générale sur le désir de dénoncer la situation honteuse, et donc de trahir le secret. C'est-à-dire que c'est ce désir de dénoncer – par exemple un viol familial dont on a été soi-même victime, ou bien une filiation illégitime –, et ce désir seul qui est refoulé.

Secret et communication paradoxale

Très souvent, le porteur de secret ne sait pas lui-même quelle « valeur » accorder à l'événement que ce secret concerne. Il ne parvient pas en effet à se fixer entre les sentiments contraires et également violents que la situation génératrice de secret a mobilisés en lui. Il reste souvent partagé entre l'importance de l'événement dans son histoire et la honte qui en accompagne la reviviscence. Mais cet événement a toujours reçu valeur d'existence, même s'il n'a pas reçu valeur de symbole. Autrement dit, il est toujours

---

1. Exemple rapporté par Nicolas Abraham, *op. cit.*

présent, de quelque façon, pour son porteur, et c'est cette présence – même partielle, tronquée, mutilée – qui va assurer sa transmission.

Prenons un exemple : un garçon né de fille mère et portant donc le nom de celle-ci vit cette situation comme honteuse. Pour effacer toute trace de cette origine, il change de région, écarte toute éventualité de parler de son père, mais ne peut s'empêcher de manifester des réactions douloureuses toutes les fois où il est confronté aux mots de « fille mère », « mère célibataire » ou « bâtard » qui lui rappellent son origine douloureuse. Il est même possible que ces mots doivent être bannis du vocabulaire de son épouse et de celui de ses enfants. Il pourra également, par extension, refuser de parler des spécialités culinaires ou des curiosités touristiques de la région où il est né, etc. Mais de telles attitudes témoignent toujours, par leur cortège émotionnel, de l'existence d'un secret. De même que peuvent en témoigner des préférences pour des objets ou des activités évoquant – et commémorant – l'événement frappé de silence. Tel par exemple cet homme ayant créé une marque de tisane portant le nom d'une « courtisane » célèbre, alors qu'il souffrait de porter le nom de sa mère et de n'avoir jamais connu celui de son père [1].

---

1. Exemple rapporté par Nicolas Abraham, *op. cit.* On peut également imaginer que les mots « requin » ou « oiseau » – ou leurs équivalents en langue flamande ou marollaise – furent pour la grand-mère paternelle de Hergé, et peut-être pour son père, de tels dépositaires du secret indicible de l'origine des jumeaux.

Secrets de famille et troubles mentaux

Dans certains cas, l'existence de l'événement scellé est signifiée plus explicitement encore. C'est un parent qui répète : « Si vous saviez tout, vous ne m'aimeriez plus » ; « Je ne peux pas tout vous dire » ; ou, mieux encore, comme dans le cas de Hergé : « On ne vous dira pas qui était votre grand-père, cela vous tournerait la tête ». Dans de tels cas, les messages émis par l'adulte à destination de l'enfant paraissent correspondre à la nécessité de deux injonctions contradictoires : « Il y a un secret dont vous transmettrez l'existence », et « Il y a un secret dont vous ignorerez le contenu ». Ou encore : « Il y a un secret qu'il est interdit de connaître, mais vous transmettrez qu'il y a un secret qu'il est interdit de connaître ».

La connaissance du contenu du secret est marquée d'interdit, mais son existence n'est pas gardée secrète. C'est en général parce que son contenu est plutôt glorieux – comme l'existence d'un géniteur inconnu mais illustre pour le père de Hergé –, ou en tous cas parce que ce contenu ne pèse pas d'un poids trop lourd sur la conscience de son porteur. Par contre, il peut arriver que non seulement le contenu du secret soit interdit de connaissance, mais aussi son existence même.

Si le secret est vécu par son porteur comme particulièrement honteux ou infamant, il peut vouloir le tenir totalement caché à ses enfants, et cela même si d'autres membres de la famille le partagent. Comme par exemple dans le cas d'un grand-père ou d'un oncle ayant purgé une peine de prison après un forfait, d'une grand-mère jugée trop légère… ou d'un suicide parmi les ascendants. Alors la communication des adultes partageant le secret dont ils veulent tenir l'enfant éloigné prend pour celui-ci un caractère paradoxal.

La situation paradoxale se distingue de la situation contradictoire du fait que les deux messages qui y sont émis n'appartiennent pas au même niveau logique. Ces deux énoncés ne s'excluent pas. Ils opèrent successivement et non simultanément. L'enfant, confronté à des messages énigmatiques autour du secret qu'il doit continuer à ignorer, doit ne pas avoir entendu ce qu'il a entendu, ni avoir vu ce qu'il a vu... Mais il doit, pourtant, en tenir compte, par exemple en ne posant pas de questions sur certains sujets, ou en ne se rapprochant pas des adultes lorsque ces sujets sont abordés entre eux, alors qu'il doit continuer à ignorer que ces sujets sont l'objet d'un secret, et comme tels, ne doivent pas faire l'objet de questions ! Enfin, et comme dans toute communication paradoxale, il reste interdit à l'enfant de dénoncer les perturbations de la communication qui lui sont imposées. Nous verrons comment il peut alors finir par réagir lui-même à de telles contraintes de façon paradoxale, en particulier par des manifestations délirantes partielles.

La communication du porteur de secret

L'inconscient de tout sujet est mis en forme par l'inconscient de ses parents autant que par ses expériences subjectives propres. Mais l'existence d'un secret chez un parent va rendre cette prégnance de l'inconscient du parent sur l'inconscient de l'enfant bien plus aiguë, et surtout extrêmement polarisée par le secret, de telle façon qu'il sera bien plus difficile à l'enfant d'y échapper.

Les mécanismes par lesquels le secret d'un parent produit des effets perturbateurs sur un enfant sont de deux types. D'une part, il y a les mots déformés du secret qui portent leur empreinte sur le langage du parent. Cet effet est d'autant plus important que le secret est plus présent et plus actif, par les conflits intérieurs qu'il mobilise chez le parent et l'énergie psychique qu'il accapare. Il s'agit de l'insistance exceptionnelle de certains mots ou de certains sons, et plus encore de leur caractère incongru. D'autre part, il y a les manifestations affectives et comportementales du porteur de secret liées au clivage et éventuellement au refoulement. Celles-ci sont, plus encore que les effets du cryptage sémantique, marquées par un caractère immotivé ou bizarre. Elles peuvent même, à la limite, consister en troubles apparemment dénués de tout sens autre que celui d'une souffrance, comme des plaintes corporelles ou même des troubles somatiques sans support médical![1]). Or de tels épisodes sont

---

1. Une étude menée sur des femmes adultes ayant été pendant leur enfance victimes d'abus sexuels, et notamment d'inceste, montre qu'en dehors même de toute révélation d'un viol et de troubles psychiques décelables, ces personnes présentent de nombreuses affections d'origine somatique et sont fréquemment soumises à des examens ou à des interventions

perçus avec une grande intensité empathique par l'enfant. Il les reçoit à la fois comme la preuve d'une souffrance inexplicable de la part du parent concerné et comme une menace pour lui. En effet, dans de tels moments, le parent centré sur ses éprouvés secrets est indisponible à l'enfant. Et en même temps, il lui est impossible de le reconnaître. Cela l'obligerait d'abord à accepter la réalité de ses propres émotions, et donc à renoncer partiellement au clivage qu'il a mis en place, et ensuite à devoir répondre aux questions de l'enfant autour de cette situation, ce dont il est bien incapable. Nous nous trouvons donc ici dans une situation de communication paradoxale entre l'enfant et le parent tout à fait comme nous nous y trouvons lorsque plusieurs membres d'une famille partageant un secret communiquent autour de celui-ci en tentant d'en tenir l'enfant exclu. Comme dans ce dernier cas, l'enfant ne peut pas ignorer les perturbations du parent liées au secret (par exemple, un malaise du parent survenant dans certains lieux ou certaines circonstances, appelle sa compréhension, pour être plus « sage », c'est-à-dire moins sollicitant, ou même pour porter de l'aide si c'est nécessaire) ; mais en même temps, l'enfant risque ensuite de se heurter à un démenti, quant à sa perception de la situation... qu'il a dû pourtant percevoir pour y faire face, et devra continuer à percevoir dans des situations identiques pour pouvoir continuer à y faire face. Comment va-t-il

---

dont les résultats se révèlent normaux (British Médical Journal, 1990, *300*,705-708).

alors s'accommoder de ces difficultés ? Comme lorsqu'il est confronté à l'existence d'échanges familiaux qu'il surprend sans que leur contenu puisse jamais lui être confirmé, il peut y réagir par de la confusion, voire par la répétition des crises émotionnelles incompréhensibles du parent, ou par des attitudes paradoxales par lesquelles il tente de concilier la nécessité de voir et d'entendre les difficultés du parent de façon à pouvoir s'y adapter en même temps que l'interdiction qui lui est faite de rien en voir et en entendre. Ces « adaptations » à la situation donneront lieu à diverses formes de symptômes caractérisés par leur aspect énigmatique ainsi que par leur caractère isolé dans la personnalité. Mais on ne peut pas pour autant réduire les réactions de l'enfant à de pures mesures d'adaptation à la communication perturbée du parent. L'enfant, en effet, confronté à un parent souffrant, et surtout si cette souffrance est énigmatique, risque de tout mettre en œuvre pour le guérir, ou plutôt, puisqu'il ne peut pas aborder avec lui cette souffrance, il va tenter de guérir l'image souffrante du parent qu'il a installée en lui. En effet l'enfant peut difficilement renoncer au désir de soulager son parent de son fardeau, mû qu'il est par l'espoir que ce parent puisse enfin à son tour le comprendre et l'aider, et que, rendu disponible à son amour par la sollicitude retrouvée du parent, il puisse à la fois l'aimer et s'aimer lui-même. Sur ce chemin, l'enfant va être confronté à la nécessité d'imaginer les causes de la souffrance parentale à partir des indices qu'il parvient à rassembler : les événements qui lui paraissent

Tintin et les secrets de famille

déclencher de telles poussées chez le parent concerné en sont une série, les mots ou les sonorités que celui-ci prononce ou au contraire évite en sont une autre, ainsi que les mots ou les formules qui reviennent avec une insistance particulière dans le discours parental, tout comme ceux dont la prononciation est marquée par une forte charge émotive sans rapport avec la situation [1]. Car si les poussées affectivo-motrices immotivées peuvent révéler l'existence d'un secret, ce sont les mots qui vont mettre l'enfant sur la trace de son contenu. De la même façon que, parce que ce sont des mots qui verrouillent le secret, il n'appartiendra qu'à des mots de pouvoir délier celui-ci et libérer les descendants de ses effets perturbateurs. À défaut que de tels mots soient prononcés, et au-delà des particularités liées à la nature de chaque secret – avec les parts respectives qu'y prennent cryptage sémantique, manifestations comportementales et affectives du clivage, et éventuellement refoulement dynamique –, l'important est bien toujours que l'ensemble des aménagements du porteur de secret

---

1. J'écrivais dans *Tintin chez le psychanalyste* : « C'est dans les hésitations, les silences, les intonations, les mimiques et les gestes soulignant tel ou tel mot d'apparence anodine que se fixent pour le jeune enfant les sonorités qui donnent accès à cet impensé parental. Et le langage lui-même quand il véhicule de tels secrets, en est porteur dans ses manques et sa phonétique plutôt que dans ses effets explicites de significations. Dans les mots évités ou au contraire les persévérations, les lapsus et les coq-à-l'âne, bien plutôt que dans les "légendes familiales", qui, lorsqu'elles existent, sont le plus souvent destinées à cacher les secrets par un travail d'idéalisation ».

finisse par déterminer une lacune dans le fonctionnement psychique de ceux qui lui sont soumis, ainsi que les symptômes destinés à la colmater. Et ces perturbations assurent à leur tour la transmission du secret indicible aux générations ultérieures à leur insu. Une telle transmission peut se produire dans toute relation de proximité affective intense, entre deux conjoints, deux amoureux, voire entre un patient et son thérapeute ou vice et versa... Mais il est un domaine où elle se manifeste toujours, c'est dans la relation entre un parent et un enfant, en particulier lorsque ce parent est la mère. En effet, dès la naissance de l'enfant, la façon qu'a une mère de regarder et de tenir son nourrisson, de lui parler, de répondre à ses états d'excitation et à ses manifestations de curiosité, etc., fonctionnent pour lui comme autant d'incitations ou au contraire de restrictions à sa spontanéité dans les différents domaines de son expression. L'ensemble de ces perturbations font partie des réactions développées par un enfant, puis par l'adulte qu'il devient, pour donner sens aux messages incohérents, tronqués ou contradictoires de l'un des parents. Mais on ne peut pas comprendre leur nécessité si on n'a pas à l'esprit qu'elles correspondent non seulement à une tentative d'autoguérison – comme le sont traditionnellement les symptômes, névrotiques ou psychotiques, par lesquels le sujet tente de dépasser ses propres conflits psychiques – mais aussi à la tentative de guérir le parent perturbé préalablement placé à l'intérieur de soi.

Observation de Mme R.

Dans le cas de Mme R., âgée de quarante-six ans, un traumatisme initial consistait manifestement dans le décès, à l'âge de six mois, d'une petite sœur que nous appellerons Lysie, alors que Mme R. avait seize ans. Cette disparition avait en effet au moins trois raisons d'avoir été alors très violemment regrettée par la jeune Mme R. Tout d'abord, cette petite sœur, qui présentait des problèmes digestifs, avait non seulement été condamnée par les médecins, mais aussi par la mère de Mme R. qui avait renoncé à s'en occuper, et c'est elle-même qui avait joué le rôle maternel avec sa jeune sœur. Ce décès signifiait donc son propre échec autant que celui de sa mère... et des médecins. Ensuite, cette naissance suivait de peu le décès d'une grand-mère très aimée par Mme R. et Lysie avait en quelque sorte pris la place laissée vide par sa disparition. Enfin, ses parents reprochèrent à Mme R., après le décès de Lysie, et sans doute pour se débarrasser de leur propre culpabilité, de s'être mal occupée de sa petite sœur...

Or Mme R. souffrait depuis la mort de Lysie de troubles digestifs fonctionnels reproduisant les symptômes qui avaient entraîné le décès de sa jeune sœur. Et surtout il s'y était progressivement ajouté une symptomatologie phobique : Mme R. vivait dans l'angoisse permanente de ne pas trouver d'endroit où déféquer... Quand je la rencontrai pour la première fois, ce trouble était devenu très préoccupant. Elle ne partait plus en voyage depuis longtemps et ne s'éloignait même plus de chez elle.

Secrets de famille et troubles mentaux

Il fallut plus d'un an pour démêler la confusion qu'elle avait établie entre elle-même et sa jeune sœur. Par ses troubles intestinaux, elle se confondait en quelque sorte avec Lysie. Faute de pouvoir « l'aimer » en étant proche d'elle, elle l'aimait en « étant » elle. Par ailleurs, en la ressuscitant ainsi inconsciemment aux dépens de sa propre santé, elle se débarrassait aussi de la culpabilité dont ses parents l'avaient accablée. Or, la levée de cette problématique d'incorporation conduisit au dévoilement des traces psychiques – manifestées dans les comportements phobiques – héritées d'un secret maternel.

Mme R., la semaine suivant le dénouement de son identification inconsciente et pathogène avec sa jeune sœur, vint en effet parler d'un secret familial qu'elle n'avait jusque-là jamais abordé. Elle avait appris ce secret de la bouche d'une autre sœur, qui l'avait elle-même découvert à l'occasion d'une circonstance dramatique où sa mère avait dû en parler, et où cette sœur l'avait entendue à son insu à travers une cloison : cette mère, alors qu'elle avait une vingtaine d'années et était encore célibataire, avait été enceinte et avait choisi d'avorter clandestinement, sans doute assez tardivement, et avait enterré le fœtus au fond du jardin. Une dénonciation du voisinage l'aurait fait menacer de prison, et c'est finalement une forte somme d'argent de sa propre mère – la grand-mère de Mme R. – qui lui avait permis d'y échapper. Or l'histoire phobique de Mme R. avait justement commencé quand elle devait, enfant, se rendre aux toilettes *au fond du jardin* dans la maison où avait eu lieu l'avortement, c'est-à-dire justement à proximité du lieu où était caché le forfait de sa mère ! L'angoisse phobique de Mme R. s'avérait alors correspondre à l'angoisse de sa mère, lorsqu'elle était enceinte de ne pas savoir où déposer le contenu de ses entrailles, puis à sa culpabilité autour de cet événement, enfin à son inquiétude que ses filles découvrent son secret honteux. L'équivalence enfant-fécés autour duquel cette confusion grossesse-constipation s'était établie pour Mme R. trouva d'ailleurs son illustration le jour de son unique accouchement. Elle déféqua en effet d'abord, et à sa grande honte, dans les mains de l'accoucheur, avant de leur confier son enfant ! Enfin, bien qu'elle ait eu connaissance de cet événement depuis une dizaine d'années au moment où elle m'en parla, elle n'avait jamais trouvé le courage d'en parler à sa mère.

L'organisation psychique de l'enfant de parent porteur de secret

L'organisation psychique d'un enfant d'un porteur de secret se distingue sur deux points essentiels de celle du porteur de secret lui-même.

Tout d'abord, alors que le porteur de secret est affecté d'un clivage à l'intérieur de son Moi, c'est l'ensemble de la personnalité de l'enfant qui lui est soumis qui est affecté. Autrement dit, c'est chacune des instances psychiques telles que Freud les a définies – Ça, Moi et Surmoi – qui est marquée chez l'enfant par l'existence du secret parental, du fait que chacune

Secrets de famille et troubles mentaux

de ces instances se différencie successivement à partir du monde inconscient des parents et des mots qui le portent.

Ensuite, alors que le refoulement dynamique portait essentiellement, chez le porteur d'un secret douloureux, sur le désir de dénoncer la situation initiale de secret, il porte chez son enfant sur le désir de questionner et de comprendre. C'est ce désir de comprendre qui se trouve condamné à être refoulé. Un tel enfant vit en effet comme interdit d'approcher le secret douloureux de son parent, et toutes les questions qui pourraient lui venir à ce sujet sont étouffées. Quant aux hypothèses qu'il peut être amené à imaginer afin de combler ce « trou », elles sont condamnées à être marquées du sceau de la fiction puisque toute éventualité quant à leur réalité familiale est absolument exclue. Un tel mécanisme obéit principalement à la nécessité d'éviter à tout prix de porter atteinte à l'image intériorisée du parent qui, pour l'enfant, doit être tenu à l'écart de toute suspicion de mensonge [1].

Mais par ailleurs, du fait que l'événement indicible pour le parent produit souvent des manifestations comportementales et affectives, il est fréquent que les enfants d'un parent porteur de secret aient une connaissance partielle, même vague et approximative,

---

1. Cette particularité du fonctionnement psychique rend toujours nécessaire d'envisager que les productions imaginaires, voire délirantes, des patients, puissent correspondre, au moins dans leur nécessité sinon dans leur contenu, à une réalité familiale historique cachée. Sur ce chemin, Gisela Pankow a eu un rôle de pionnière (cf. *L'Homme et sa psychose, op. cit.*).

de l'événement en cause. Pourtant cette connaissance de l'événement ne leur donne pas pour autant une conscience claire des distorsions communicatives auxquelles ils ont été soumis. Ainsi, tout en connaissant le contenu du secret, ils peuvent continuer à ignorer ses effets sur leur propre fonctionnement psychique et leurs éventuels choix de vie. Par exemple, le fait que des parents révèlent à un adolescent qu'il a été un enfant adopté n'empêche pas que ce secret ait porté son empreinte sur l'histoire précoce de cet enfant. De la naissance à la révélation du secret, tout ce qui concerne celui-ci aura fonctionné dans son psychisme comme un corps étranger radical. Et il en aura probablement été influencé dans ses apprentissages, ses choix professionnels, son caractère et ses goûts... d'une manière irrémédiable. Il est probable que la révélation du secret ne changera rien à ces orientations, que le sujet serait d'ailleurs bien en peine de mettre en relation avec le secret lui-même... sauf au décours d'une longue psychanalyse ! Nous avons vu d'ailleurs comme la connaissance du secret maternel par Mme R. n'avait rien changé à sa symptomatologie phobique. C'est que toute révélation d'un secret à un enfant après une longue période de silence – éventuellement trahi par les manifestations dont nous avons parlé – provoque la coexistence de deux zones psychiques distinctes : l'une qui « sait » et n'a plus besoin de s'organiser autour du secret, l'autre qui continue à témoigner des mécanismes mentaux et comportementaux mis en place pour lui faire face au moment où le sujet n'en avait pas encore connaissance.

Secrets de famille et troubles mentaux

Enfin, quelle que soit la profondeur du secret gardé par un parent – et pour autant que ce secret soit pour lui pensable, même très partiellement – il ne cesse de fonctionner comme garant de la lacune constituée dans l'univers symbolique de son enfant. En effet, pour autant que ce parent éprouve et connaît le contenu du secret, le psychisme lacunaire de son enfant y trouve son complément, même si c'est en un autre lieu : le psychisme du parent avec lequel son propre système psychique a la possibilité de toujours rester fantasmatiquement en continuité, au moins sur ce point. Et peut-être d'ailleurs la compréhension de certaines relations fusionnelles pourrait-elle bénéficier de cet éclairage. En effet, la difficulté d'un enfant à se détacher d'un parent peut parfois être liée – sans pour autant sous-estimer d'autres causes – à la nécessité psychique de rester rattaché au garant de sa propre intégrité mentale, en même temps qu'au désir de venir en aide à ce parent.

Ces deux particularités – que le parent soit garant du contenu du secret et que l'enfant puisse en avoir une connaissance, même vague et approximative – pourraient expliquer le fait suivant. Il n'y a souvent pas, chez les enfants d'un parent porteur de secret, de compulsion à « penser » la lacune, voire à la combler par un système délirant. À l'exception toutefois des situations où l'enfant d'un porteur de secret ignore à la fois le contenu et l'existence du secret, auquel cas il peut réagir, dans les moments critiques ou face aux situations qui évoquent le secret, par des manifestations délirantes partielles. Le plus souvent au contraire, tout se passe comme si le système psychique s'employait à produire des effets destinés à témoigner de l'événement frappé d'interdiction de parole dans la génération précédente, et en même temps de le faire oublier, d'en laver la culpabilité réelle ou supposée du fait du silence qui l'a entouré. Pour cela, un ensemble de choix est le plus souvent mis en œuvre – tel que le choix d'un métier, d'un hobby, d'un conjoint, de prénoms d'enfants, etc. – de manière à tenter de réparer le parent en soi [1]. À travers ces choix, l'enfant du parent porteur de non-dit met en acte les mots du secret et leurs équivalents déformés dont l'insistance dans le discours du parent a modelé son univers symbolique. Et il peut à la limite être conduit comme malgré lui – et pour ainsi dire aveuglément – à des actes qui sont censés contenir la solution qu'il a inconsciemment construite comme résolutrice du problème du parent. Des actes qui peuvent être sans rapport apparent avec la situation historique initiale, d'ailleurs inconnue de l'enfant du porteur de secret. Ce rapport reste pourtant organisé autour de résonances phonétiques renvoyant aux mots tus du secret et aux mots privilégiés pour en commémorer secrètement le contenu ou les lieux. C'est-à-dire que de tels actes sont marqués d'un caractère de nécessité : ils représentent la tentative des forces les plus vives du

---

1. Une grande partie du théâtre d'Ibsen témoigne de telles situations. Les généreuses donations ou fondations charitables y sont souvent destinées à faire oublier l'origine douteuse d'une fortune ou de quelque enfant né de relations incestueuses.

Secrets de famille et troubles mentaux

Moi pour investir et donner sens à ce trou dans le monde symbolique des parents, faille elle-même reflétée dans leur organisation familiale et éducative. Mais en même temps, ces actes restent comme étrangers à l'enfant du parent porteur de secret puisqu'ils ne répondent à aucune nécessité de sa dynamique mentale propre telle qu'elle reflète son histoire privée.

Les symptômes de l'enfant de parent porteur de secret

Les effets de secret sur un enfant peuvent participer à la constitution de toutes les formes de symptômes : symptômes névrotiques lorsque l'enfant peut s'appuyer sur des franges autorisées du secret dans le psychisme parental, ou bien symptômes psychotiques lorsqu'une fragilité particulière vient diminuer sa résistance aux messages contradictoires ou énigmatiques du parent, ou lorsque le contenu du secret est totalement rejeté par celui-ci hors de son psychisme et que la tentative de mise en sens ne peut s'effectuer chez l'enfant que de façon délirante. Mais c'est le plus souvent par des troubles obsessionnels ou phobiques que se manifestent les difficultés de l'enfant du porteur de secret [1]. Cet enfant, puis l'adulte qu'il devient,

---

[1]. On peut au passage s'interroger sur la relation existant entre un tel mécanisme de genèse de symptômes obsessionnels et phobiques et le succès rencontré précisément dans ces pathologies par des techniques thérapeutiques basées sur l'apprentissage et le déconditionnement. La facilité avec laquelle certains sujets soumis à ces thérapeutiques apprennent à se passer de

est alors volontiers assailli de fantasmes vécus comme étrangers à son propre psychisme et qui viennent remplir l'espace vide de son monde symbolique en tentant de lui donner sens. Les phobies de l'enfant répondraient en particulier très fréquemment à un tel schéma. L'enfant phobique ne ferait qu'énoncer dans la peur associée à son symptôme la peur d'un autre, et l'objet phobogène témoignerait en définitive de son ébranlement par une peur qu'il aurait ressentie chez l'un de ses parents. Tel était le cas de Mme R., pour qui le lieu de la défécation – le cabanon au fond du jardin – s'était trouvé chargé d'angoisse du fait de l'expérience maternelle tragique qui y était associée, avant que cette angoisse ne s'étende à l'acte de la défécation elle-même. D'autres fois, ce sont les mots du secret qui, par déformations successives, donnent l'objet phobogène. Ainsi d'une petite fille ayant la phobie des « pieds nus », et dont le véritable objet d'angoisse était un grand-père qui s'était « pendu », cet événement ayant beaucoup alimenté les conversations familiales autour d'elle quand elle était petite, mais tout ayant été fait pour qu'il lui reste caché. Il est probable que son ignorance du mot « pendu », jointe au fait que ce mot était sans doute plutôt chuchoté qu'énoncé en sa présence, l'avait amenée à constituer en objet phobogène celui dont la phoné-

---

leur symptôme – au moins provisoirement – évoque plus le corps étranger intra-psychique hérité du secret inavouable d'un autre que le symptôme névrotique proprement dit, pierre d'angle de la personnalité construite autour de lui.

tique, dans son vocabulaire d'enfant, se rapprochait le plus du mot du secret. À propos d'un autre sujet de préoccupations, Françoise Dolto donne l'exemple d'un enfant ayant eu la curieuse phobie des angles des pièces... Il s'avéra qu'il avait surpris, âgé de quelques années pendant la guerre, une conversation téléphonique de sa mère au sujet de son frère partant en « Angleterre », alors que ce fait devait rester secret pour éviter toutes représailles de la part des troupes allemandes stationnées dans la maison familiale [1]... Dans l'exemple donné plus haut d'un homme honteux d'être né de fille mère et s'employant à cacher ses origines sous prétexte de protéger la mémoire de sa mère, on peut imaginer que ses enfants puissent par exemple avoir la phobie d'objets ou d'animaux dont le nom rappellerait la région où leur aïeule fille mère aurait accouché... Barbro Sylwan a proposé une interprétation de la phobie du petit Hans fondée sur une telle approche. Ce petit garçon de cinq ans dont Freud rapporte le cas dans ses *Cinq Psychanalyses* était terrifié par les chevaux, ou plutôt par certaines de leurs particularités et certains comportements qu'il leur attribuait. Or Barbro Sylwan trouve de nombreux arguments pour soulever la question de savoir si Hans n'aurait pas fait qu'exprimer, à travers cette phobie précise, les effets perturbateurs sur sa personnalité d'un secret partagé entre sa mère et Freud... Le mot « cheval » en allemand (« Pferd ») a d'ailleurs une

---

[1]. Françoise Dolto, *L'image inconsciente du corps*. Seuil, Paris, 1984.

consonance proche de celle du nom du professeur Freud... Et celui-ci, ami des parents du petit Hans, lui avait offert un cheval de bois pour son troisième anniversaire [1])... Le secret en question aurait concerné les angoisses de la mère de Hans autour de sa propre sexualité, angoisses d'abord organisées dans le rapport avec sa propre mère, puis transférées sur Freud qui avait été son analyste, et dont la préoccupation principale était justement, à ce moment-là, la sexualité infantile. Mais un autre secret liait aussi le père de Hans à Freud : le professeur avait en effet confié au père de l'enfant la mission d'observer celui-ci le plus minutieusement possible et de noter tous ses propos « intéressants » autour de la sexualité ! Ainsi le père et la mère de Hans avaient-ils chacun des raisons propres de craindre le professeur... et de cacher cette crainte à leur enfant.

Parallèlement aux troubles phobiques et obsessionnels, les problèmes de secret pourront également provoquer chez l'enfant du parent qui en est le porteur des troubles schizoïdes ou franchement psychotiques : états de dédoublement, de fonctionnement hypnoïde, ou même de transe. Pendant ces accès aigus et transitoires, le sujet s'identifie totalement au contenu de la faille symbolique parentale, voire répète, ou hallucine, le contenu du secret qu'il a perçu mais qu'il doit continuer à ignorer.

Par exemple un adolescent peut entendre sous la forme d'hallucinations les jugements péjoratifs dont

---

1. Barbro Sylwan, « Le ferd-ikt », in *Études freudiennes*, nos 13-14, Denoël, Paris, 1978.

un grand-parent dévoyé avait fait l'objet de la part de l'entourage – familial et extra-familial –, mais que son parent avait décidé de lui cacher. Dans l'hallucination et le délire, il y a en effet une compartimentalisation des différentes parties de la personnalité qui ne communiquent plus entre elles et peuvent s'exprimer de façon séparée. Cette compartimentalisation est le reflet des communications partielles et contradictoires juxtaposées autour du secret et des clivages mis en place par l'enfant pour y faire face. Quant au délire, il constitue à sa façon un paradoxe qui tente de répondre à tous les autres, puisque le contenu du secret qui y a trouvé sa place a été rendu méconnaissable, et que le délirant peut à la fois dire et dire qu'il n'a pas dit, se comportant exactement comme s'il avait tout enregistré à son insu sans rien pouvoir en communiquer à personne de façon compréhensible.

Enfin, et bien que ce problème soit encore mal connu, il est possible que des non-dits parentaux puissent provoquer chez un enfant des troubles somatiques [1], ou encore le recours à la toxicomanie, à la délinquance ou à l'alcoolisme. Pourtant de tels symptômes se rencontrent plus volontiers en troisième génération, c'est-à-dire chez les petits-enfants du porteur de secret indicible lorsque plus rien, dans la mémoire de

---

1. Voir J. Guir, *Psychosomatique et cancer*, Point hors ligne, Paris, 1983. Ainsi que Nadine Zuili et Claude Nachin, « Le travail du fantôme au sein de l'inconscient et la clinique psychosomatique, à propos du psoriasis », in *Ann. Med. Psy.*, Paris, 1983, 141,9, 1022-28.

leur parent – lui-même enfant du porteur initial de secret – ne vient témoigner de la réalité de celui-ci.

Gravité des symptômes de l'enfant de parent porteur de secret

Les facteurs déterminant la gravité des symptômes mobilisés chez un enfant par l'existence d'un secret familial sont nombreux. Et peut-être certains nous sont-ils encore inconnus !

Cette gravité dépend d'abord des capacités psychiques de l'enfant de gérer une telle situation, en particulier de son degré de fragilité et de sa résistance aux frustrations. Une partie de ces capacités est liée à l'hérédité, une autre aux interactions précoces du nouveau-né avec son environnement. En effet, de façon générale, l'importance des distorsions de la communication non verbale chez un parent porteur de secret détermine celle des perturbations du narcissisme originaire de l'enfant, et donc le risque de pathologies graves de sa personnalité, notamment des troubles psychotiques. Cette communication est en effet essentielle dans le développement de la sécurité identitaire de base de l'enfant – son sentiment de sécurité au monde –, en particulier sous la forme de la congruence des messages verbaux et non verbaux qui lui sont adressés.

Un second facteur de la gravité de ces symptômes concerne le fait que l'événement occulté touche à la seule sphère privée (par exemple une naissance illégitime), ou bien qu'il appartienne à un ensemble de faits sociaux. Dans ce second cas, l'enfant peut en effet avoir la possibilité d'aborder l'événement avec d'autres interlocuteurs. D'ailleurs, de façon générale, il convient de ne pas sous-estimer le rôle joué par une personne différente du parent porteur de secret à laquelle l'enfant puisse s'accrocher dans les moments difficiles : autre parent, membre de la famille au sens large, voisin, éducateur, pédagogue, etc.

Un troisième élément important – sinon le plus important – des troubles que peut provoquer chez un enfant un secret dépend de la charge de culpabilité, d'angoisse, de terreur ou de honte associée par le parent à l'événement inaugural. C'est cette charge qui détermine en grande partie le fait que cet événement reste presque totalement secret, ou bien qu'au contraire le secret soit « mi-dit », même sous la forme de confidences énigmatiques... Il peut arriver en effet que l'enfant ait été mis sur le chemin du secret par certains membres de la famille qui cherchaient à s'en soulager, ou bien qu'il ait surpris des confidences entre adultes qui ne lui étaient pas explicitement destinées... Tandis qu'à l'autre extrême, le secret peut avoir été rendu presque totalement silencieux et ne se manifester plus qu'à travers des expressions corporelles ou affectives incompréhensibles de la part des parents. Enfin, entre ces deux extrêmes, l'enfant du porteur de secret peut avoir été marqué seulement par des manifestations mimo-gestuelles ou émotives bizarres de la part de l'un de ses deux parents, ou des deux. Manifestations parfois accompagnées d'une expression phonématique du secret (sous la forme de mots incongrus ou inutilement répétitifs), voire seulement d'une expression phonétique de celui-ci (sous la forme de syllabes répétitives par exemple). Et c'est à partir de ces maigres indices que l'enfant doit, s'il veut s'y engager, tenter de reconstruire l'événement familial occulté... Un cas particulièrement complexe, on s'en doute, consiste dans le fait que chacun des deux parents peut être porteur de secrets (ou des effets sur eux de secrets familiaux) ayant chacun leur logique propre...

Enfin, dans tout ce que nous avons dit jusqu'ici, nous avons supposé que le secret inaugural corresponde à une situation « pensable », ne serait-ce que partiellement, ne serait-ce que sous la forme d'images. Mais il arrive aussi parfois qu'un événement ne trouve pas dans le psychisme de représentation chargée d'en supporter le souvenir et les affects qui lui sont liés, bien qu'il soit psychiquement actif. Les effets sur un enfant d'une telle situation sont évidemment bien différents de ce qui se passe lorsque l'enfant a seulement affaire, chez son parent, à un événement inabordable par lui et qui peut pour cela être confondu avec un secret honteux ; ou même à un secret indicible.

*Le porteur d'événement « impensable »
et sa communication*

Il est difficile à vrai dire d'imaginer qu'un événement « impensable » soit pour autant totalement rejeté hors du psychisme. Il est plus probable qu'il y est présent sous la forme de traces sensorielles ou motrices. Le réveil de ces « souvenirs » sous l'effet de circonstances de la vie est alors condamné à se traduire sous la forme de manifestations végétatives ou viscérales, voire émotives, mais sans que de telles expériences puissent s'organiser en sentiments reconnus comme tels. Manifestations éventuellement accompagnées d'images surgissant sous la forme de « flashes » fugitifs, non maîtrisables et donc terriblement angoissants, et aussitôt oubliés [1].

De tels événements « impensables » – c'est-à-dire dont le sujet n'a jamais eu de représentation organisée, même sous la forme d'images – concernent vraisemblablement surtout les traumatismes psychiques précoces liés à des événements survenus dans la toute petite enfance, comme un rejet massif et conscient de la part d'une mère, ou bien un événement vécu comme tel. En effet, à ce moment-là, les capacités de refoulement sont encore faibles, tout comme sont faibles les possibilités d'élaborer un événement à travers des équivalents symboliques psychiques.

Des organisations mentales ainsi marquées par un clivage grave se rencontrent non seulement chez les patients psychotiques désignés comme tels, mais

---

[1]. Sur le rapport de telles terreurs avec les capacités d'apprentissage du sujet et la passion pour les images qui s'en rapprochent, voir Serge Tisseron, « Bande dessinée et apprentissages scolaires », in *La bande dessinée au pied du mot*, Aubier, Paris, 1990.

également chez des patients indemnes de toute psychose manifeste. Il s'agit alors de sujets qui ont réagi précocement à des situations pénibles par ce mécanisme psychique, mais de manière localisée [1].

Par ailleurs, il est toujours possible que des événements graves survenant dans la vie de l'adulte rentrent en résonance avec des terreurs sans nom liées à la toute petite enfance. Il appartient en effet à des états extrêmes de souffrance de pouvoir déborder l'ensemble des défenses normales, par exemple lors de catastrophes naturelles ou de guerres. De telles situations mettent le sujet dans un état de dépendance et de vulnérabilité totales, tant physique que psychique, à partir duquel les expériences infantiles les plus précoces se trouvent remises au premier plan. Une catastrophe naturelle, par exemple, peut réactiver un fonds inconscient d'images terrifiantes organisées autour de l'inadéquation entre les attentes du nouveau-né et les apports de l'environnement, inadéquation toujours vécue à ce moment-là comme menaçante pour la vie même, et rattachée, dans l'activité psychique, à un personnage de « mauvaise mère ». Un événement ainsi relié par celui qui l'a vécu à des terreurs sans nom risque de devenir à son tour « impensable ». C'est-à-dire que son « souvenir » ne peut ressurgir que de loin en loin, sous la forme de manifestations viscérales et neuro-végétatives éventuellement associées à des flashes angoissants. Mais,

---

1. Voir Joyce Mac Dougall, *Théâtre du corps*, Gallimard, Paris, 1989.

en dehors de ces moments, le clivage est total et le sujet vit comme si ni l'événement, ni la partie de lui-même qui y a participé n'avaient jamais existé.

Les conséquences d'une telle situation sur les processus de communication d'un sujet sont, on s'en doute, essentielles. En particulier un parent touché par un tel clivage ne s'émeut pas lorsque l'enfant se rapproche, par ses comportements ou ses propos, de ce qui pourrait éveiller le souvenir en lui de l'événement, comme le fait un parent porteur d'un secret honteux et indicible. Au contraire, l'ensemble des comportements, des mots et des situations provoquées par l'enfant et qui rencontrent cet impensable vont être comme frappés de nullité. Le parent, face à eux, est en effet renvoyé à la partie sans représentations de son monde interne. C'est peu dire alors qu'il n'est pas, dans de tels moments, réceptif à l'enfant. Véritablement, il ne le sent plus, ne l'entend plus, ne le voit plus. Autrement dit, il répond à ce qui pourrait éveiller en lui l'écho de l'événement impensable par une véritable « absence » psychique, absence par laquelle l'enfant risque de se sentir littéralement « effacé » lui-même. Cette « absence » psychique du parent peut se manifester de multiples façons : par une sidération transitoire – il reste un instant comme égaré –, par un propos sans rapport avec ce qu'a dit ou fait l'enfant, voire par un rappel à l'ordre autoritaire et désagréable pour celui-ci, là encore sans rapport avec la situation.

Une telle absence répétitive du parent à un certain type de comportements et de sollicitations de l'enfant va provoquer chez ce dernier ce que les psychologues comportementalistes appellent une « mise en extinction », c'est-à-dire un effacement des comportements, mais aussi des pensées et des mouvements affectifs qui leur sont liés. Ceux-ci vont disparaître du champ des échanges possibles. En fait, ce qui pourrait apparaître à l'observateur comme un désinvestissement progressif repose profondément sur la mise en place, chez l'enfant, d'un clivage identique à celui qui existe chez son parent. Ainsi, à la différence de ce qui se passe dans le cas d'un événement indicible mais pensable pour le parent, de telles attitudes n'effacent pas seulement l'événement en cause, mais également tout indice que quoi que ce soit ait été effacé. Et cela d'autant plus qu'un enfant confronté à de telles attitudes de la part d'un parent a toutes les chances de méconnaître leur caractère de fuite et de s'attribuer à lui-même la responsabilité de la rupture dans la communication. Il ne sera alors pas bien difficile au parent d'ajouter encore au clivage de l'enfant en affirmant – en toute bonne foi, c'est-à-dire victime de son propre clivage – que l'enfant n'a rien dit ou fait qui ait pu l'importuner et que, d'ailleurs, il n'y a jamais eu de rupture dans la communication...

Ce mécanisme est très proche de celui qui a pu être décrit dans le cas d'enfants soumis à un risque d'évolution psychotique[1] ou psychosomatique[2]. Et

---

1. Bertrand Cramer, Fonctionnement mental précoce et interactions mère-enfant, in *Topique*, n⁰ˢ 35-36, 1985, pp. 151-172.
2. Léon Kreisler, *L'Enfant du désordre psychosomatique*, Privat, 1981.

des désordres psychotiques ou psychosomatiques peuvent en effet être rencontrés chez des enfants de tels parents porteurs d'un « impensable ».

Surtout, nous allons voir comment c'est le propre d'un événement pensable pour son protagoniste – ne serait-ce que partiellement –, mais resté secret, de se transformer pour la génération suivante en événement impensable, tout comme il appartenait au « non-dit » d'un parent de pouvoir se transformer en « secret » pour l'enfant.

La transmission des effets du secret à la génération suivante : introduction à la problématique transgénérationnelle

L'existence d'un « non-dit » chez un parent provoque donc chez l'enfant un fonctionnement psychique clivé, et à la limite une véritable psychose localisée. Et cela même si ses manifestations comportementales et idéiques ne sont pas justifiables du diagnostic de « psychose » (le caractère essentiel de celle-ci étant en effet en psychiatrie l'envahissement de l'ensemble de la personnalité par les parties psychotiques qui se mettent alors à régir la majorité des pensées et des comportements). Un tel enfant, marqué par le clivage et qui a tenté, au prix de perturbations dans sa propre communication, de s'adapter aux perturbations dans la communication de son parent porteur de secret, a toutes les chances d'en marquer ses propres enfants lorsqu'il sera lui-même devenu adulte. Les mécanismes mis en jeu dans de telles transmissions transgénérationnelles sont les mêmes que ceux qui interviennent entre un parent porteur d'un secret indicible et un enfant qui devient porteur de perturbations liées à ce secret tout en ignorant l'existence de celui-ci. Dans les deux cas, la transmission est assurée par des déformations de langage et des attitudes bizarres avec lesquelles – c'est-à-dire en dépit desquelles – l'enfant doit organiser son monde symbolique interne. Les interdictions d'expression spontanée que ce soit d'expériences émotionnelles, motrices ou verbales, sont en effet très tôt perçues par l'enfant, en tout cas bien avant l'apparition du langage. C'est ainsi que les propos ou les comportements de l'enfant qui renvoient le parent à des pensées intolérables deviennent pour l'enfant totalement interdits. Et l'ensemble des pensées qui s'y rapportent sont de même exclues du fonctionnement psychique de l'enfant par un clivage radical. À l'inverse, certains sons, mots ou comportements se voient chargés de la part du parent d'une valeur exceptionnelle. Ce sont ceux qui sont destinés à commémorer l'événement passé sous silence, c'est-à-dire à lui assurer une place dans la tradition familiale à l'insu même de ses participants. Il est probable que, plus encore que leur répétition, c'est la charge émotive qui leur est attachée qui assure la transmission. L'enfant est en effet confronté, dans de tels moments, à des accès d'émotion, et même de jouissance, de la part du parent, et cela même s'il ne sont pas reconnus par ce parent lui-même. L'enfant, lui, en perçoit l'intensité énigmatique et les vit avec une empathie d'autant plus vive que ces moments lui paraissent pouvoir lui donner accès à certaines parties inconnues et essentielles de son parent concerné. La répétition de tels moments avec ses propres enfants sera alors le moyen qu'aura cet enfant devenu adulte de tenter d'évacuer, en la déplaçant vers d'autres, l'impression violente que ces moments auront faite en lui. Et en même temps, de telles répétitions constitueront le moyen privilégié pour lui de rester lié intérieurement à son parent qui, dans de tels moments, lui échappait si fort dans son propre monde [1].

On voit donc que la transmission des effets d'un secret indicible sur plusieurs générations tend à s'opérer de deux manières complémentaires : l'une est liée au caractère déficitaire de la relation du parent porteur, tandis que l'autre est organisée autour du caractère violent – et donc intrusif pour l'enfant – de certaines manifestations commémoratives du contenu initial du secret inconnu. Mais dans ces deux manières, la transmission opère finalement par un mécanisme unique : la répétition qu'opère un individu, à son insu et malgré lui, d'une relation insatisfaisante qu'il a vécue avec l'un de ses parents (ou plus

---

1. Le dessin pour Hergé, à travers le souvenir des dessins de vêtements réalisés par son père (moments dans lesquels le père de celui-ci lui était en quelque sorte restitué) aurait constitué une telle voie d'accès commémorative et restauratrice du secret des Remi (cf. supra, Ire partie).

rarement avec quelqu'un dont il a été très proche et qu'il a aimé). Cette transmission est d'autant plus forte dans le cas de la succession des générations au sein d'une même famille que chacun tend à répéter avec son enfant la relation insatisfaisante qu'il a eue avec ses propres parents ; et cela d'autant plus s'il s'agit d'un premier-né, d'un enfant occupant dans la fratrie la place qu'y occupait le parent porteur de secret, ou soi-même.

On voit enfin qu'une situation de transmission d'un secret familial sur plusieurs générations ne se distingue des situations normales de communication que par une différence de degré : il existe toujours une certaine inadéquation dans la communication entre deux êtres, et en particulier dans celle qui unit un nouveau-né à sa mère ou un enfant à son parent. Et c'est même dans cet écart que naît la pensée et que se renforce la personnalité de chacun. Ce n'est que par son caractère intense et surtout systématique – c'est-à-dire focalisé sur certaines représentations et certains comportements cernant une figure unique énigmatique et chargée d'émotions contradictoires pour le parent – que s'assure la transmission d'un secret à l'insu de ses protagonistes.

Il existe pourtant une différence capitale entre la communication d'un parent porteur d'un secret indicible personnel et celle d'un enfant issu d'un parent porteur de secret, lorsque cet enfant devenu adulte a lui-même des enfants.

Secrets de famille et troubles mentaux

Comment « l'indicible » pour une génération peut se transformer en « impensable » pour les suivantes

J'ai souligné que chez le porteur d'un secret indicible, le clivage affecte seulement le Moi, alors que chez l'enfant d'un porteur de secret, c'est l'ensemble de la personnalité qui est affectée. Et elle est affectée de telle manière que cet enfant ignore en général tout des distorsions de sa propre personnalité consécutives à l'existence du secret inavouable de son parent. C'est-à-dire que l'ensemble des lacunes et des distorsions auxquelles vont être soumis les proches d'un enfant de parent porteur de secret – et en particulier ses propres enfants – ne témoigne de rien d'autre que des mécanismes inconsciemment mis en lui sous l'influence du secret de son parent. Autrement dit, ces distorsions ne sont plus sous-tendues par les craintes ou par les vœux inconscients du parent, mais par ses symptômes produits en réponse aux distorsions communicatives de son propre parent porteur de secret. À cette génération, le secret n'offre plus aucune prise puisque la mémoire du parent (enfant du porteur de secret) est vide de tout contenu relatif à la réalité de l'événement inaugural. Ainsi, aucun contenu psychique parental ne vient plus maintenant soutenir la mise en forme lacunaire de l'univers symbolique de l'enfant. Pratiquement, alors que le porteur de secret manifestait émotions ou confusions lorsqu'il était confronté à une certaine proximité avec le contenu de son secret – que ce soit par les propos ou les actes de son enfant, ou par des situations indépendantes de lui, comme un voyage –, l'enfant du porteur de secret, lui, ne peut que réagir par un retrait à tout ce qui pourrait évoquer le secret de son parent. En particulier, les propos de ses propres enfants qui pourraient éveiller la question du secret de son parent – le porteur de secret initial – sont frappés de banalité. De telles conditions ne sont pas sans évoquer ce que nous disions plus haut d'un enfant confronté chez un parent à un événement impensable. « L'indicible » d'une génération se transforme ainsi en « impensable » pour la suivante, avec des conséquences dramatiques pour la descendance. Et cela d'autant plus si cet « impensable » est en même temps fortement investi d'émotions à la suite de la charge affective importante dont le secret inaugural était embarrassé pour son porteur. De plus, lorsque c'est une mère qui est porteuse des effets d'un secret de la part de l'un de ses propres parents, la situation est encore plus grave pour l'enfant. Alors, non seulement les communications non-verbales de cette mère risquent d'être perturbées – contribuant du même coup à la fragilité psychique de l'enfant –, mais encore l'existence d'une faille sans référent dans le système symbolique maternel risque de provoquer entre l'enfant et elle un piège de captation réciproque. L'enfant, puis l'adulte qu'il devient, risque en effet de continuer à attendre d'elle le comblement de la faille qui affecte son propre système symbolique à la suite du sien, sans parvenir à réaliser qu'elle n'en a pas elle-même la clé. Tandis qu'à l'inverse, une telle mère peut, par un effet d'inversion des générations bien banal, attendre de son propre enfant l'élucidation du secret occulté par son propre parent... nouant ainsi encore un peu plus le lien tragique et incommunicable qui les lie l'un à l'autre. Ne donne-t-on pas encore parfois aux enfants les prénoms de leurs grands-parents, comme pour souligner la continuité qui lie les uns et les autres à travers les attentes déçues que chacun entretient vis-à-vis de ses parents et tend à reporter sur ses enfants ?

Effets du secret en seconde génération et angoisses sans nom

Il est probablement inévitable que s'établissent des liens entre les différentes parties du fonctionnement psychique marquées du sceau de l'impensable. En effet, c'est une difficulté pour tout système psychique de parvenir à la maîtrise des terreurs et des fantasmes qui correspondent aux premiers âges de la vie. Comme je l'ai expliqué ailleurs ![1]), cette expression tend à passer successivement, selon le degré d'organisation psychique, par des états du corps, puis par les images qui leur sont liées (telles qu'elles apparaissent dans les rêves, mais aussi dans la bande dessinée), puis par des scénarios fantasmatiques organisés impliquant plusieurs protagonistes (et non plus des morceaux de

---
1. Voir Bande dessinée et apprentissages scolaires, in *La bande dessinée au pied du mur*, op. cit.

corps ou d'objets les représentant comme au stade précédent), enfin par des mots. Or nous avons vu comment l'effet de secret produit chez un enfant l'exclusion d'un événement de ses capacités de représentation. Cette caractéristique a en particulier pour effet que l'événement exclu risque de se trouver amalgamé avec les fantasmes et les terreurs archaïques également irreprésentables, du fait de la dynamique psychique propre du sujet cette fois. Autrement dit, l'enfant étroitement soumis au fonctionnement psychique d'un parent, lui-même lié au secret indicible de l'un de ses propres parents, va recevoir de la même façon les diverses représentations marquées du sceau de l'impossible à penser, et cela quelle que soit leur origine. On comprend alors que les tentatives de symbolisation des événements liés à un secret familial puissent mobiliser des angoisses archaïques sans aucune mesure avec la nature des événements en cause, angoisses qui rendent leur reconnaissance encore plus problématique. Le fait de « révéler » à un patient un secret familial que l'on pressent n'arrange en particulier pas plus son fonctionnement mental que de lui révéler brutalement un désir inconscient ! On risque bien, au mieux, de se heurter à une fin de non-recevoir incrédule, et, au pire, de provoquer un délire en confrontant trop brutalement la conscience à une vérité qu'elle n'est pas prête à faire sienne ! Par contre, l'émergence et la maîtrise progressive de ces secrets familiaux obéissent bien souvent aux mêmes étapes que la familiarisation avec les fantasmes archaïques et les désirs irreprésentables qui leur sont

Secrets de famille et troubles mentaux

liés. Dans les deux cas, leur venue à la vie consciente passe successivement par la forme d'états du corps, d'images psychiques vécues comme étrangères (voire d'hallucinations), de symptômes psychotiques ou névrotiques, de rêves nocturnes plus ou moins effrayants et élaborés, de fantasmes diurnes enfin, tandis que leur reconstruction reste le plus souvent – sauf chance exceptionnelle – marquée du sceau d'une probabilité importante plutôt que de celui d'une certitude.

Sur le plan des symptômes proprement dit, ce caractère d'irreprésentabilité du secret pour le parent explique que les petits-enfants d'un porteur de secret indicible puissent souffrir de troubles graves de la personnalité. En particulier, et à la différence de leur parent qui est lui-même enfant d'un parent porteur de secret, ils peuvent présenter des troubles apparemment dénués de tout sens, tels que délinquance, toxicomanie, débilité affective ou psychose déficitaire. En effet, lorsque plus rien ne vient témoigner dans le psychisme du parent de la réalité d'un événement dont il est marqué à son propre insu, la faille qui en résulte dans le psychisme de l'enfant ne trouve aucun répondant nulle part. Ce sont alors les possibilités psychiques mêmes qui sont endommagées par les effets de communications paradoxales trop précoces, trop intenses, ou auxquelles le sujet s'est montré particulièrement vulnérable.

D'autre fois, dans la délinquance et la toxicomanie, ce sont les « passages à l'acte » qui viennent au premier plan : le « dire » fait place au « faire ». Et ce

« faire », quelles que soient les justifications dont il s'entoure, est le plus souvent agressif : soit contre sa propre personne, sous la forme de conduites dangereuses et suicidaires où le « flirt avec la mort » est omniprésent ; soit contre d'autres, sous la forme d'agressions pour le seul plaisir sadique, voire d'agressions sexuelles. Or de tels comportements sont toujours une manière de réponse à l'angoisse du vide provoquée par la lacune intra-psychique liée au secret d'un autre. Non pas que de tels comportements puissent combler cette lacune. Mais le fantasme d'omnipotence qui les accompagne toujours de façon plus ou moins marquée est une manière de tenter d'échapper au non-sens du vide psychique produit par cette lacune. En effet, de tels comportements s'accompagnent facilement de la conviction d'être infiniment fort et puissant, jusqu'à se croire suffisamment invulnérable pour échapper en toutes circonstances à la sanction de la loi ou même à la mort. Quelle que soit la nature du secret à l'origine de la faille dans le monde symbolique du sujet, un tel fantasme lui permet d'échapper au sentiment de ne pas exister « pour de vrai » pour lui-même et pour les autres, qui risque d'accompagner les effets du secret en seconde génération lorsque la communication du parent lui-même, enfant du porteur de secret, a été intensément perturbée. Sentiment d'être l'objet d'un phénomène étranger à soi, et pourtant impossible à appréhender par la pensée, que les toxicomanies – parmi lesquelles l'alcoolisme – tentent de repousser, et auquel le fantasme d'être invincible et tout-puissant tente de faire un temps barrage.

Quant au délire, il pourrait résulter dans de tels cas de capacités de mentalisation exceptionnelles de la part d'un sujet soumis à une faille pourtant impossible à situer dans sa dimension historique... ou d'une relative perméabilité familiale du secret [1].

Enfin, il peut arriver aussi que l'enfant d'un parent porteur de secret décide de ne pas avoir d'enfant et d'interrompre ainsi la chaîne des transmissions transgénérationnelles, ce qui n'est d'ailleurs pas si rare...

Heureusement, une fois dépassée la génération des petits-enfants du porteur de secret initial, les effets d'un secret de famille ont toutes les chances de s'estomper. Ils s'intègrent alors, sous la forme de traces résiduelles, dans le cocktail plus ou moins harmonieux des traits de caractère, des goûts et des penchants qui forment la personnalité de chacun. Et ils déterminent, en concurrence ou en harmonie avec les traces laissées par les événements de l'histoire personnelle de l'individu, ses différents choix existentiels : choix d'un métier, d'un conjoint, d'un type de divertissement, d'une forme de préférence sexuelle, etc.

---

1. Tel me paraît être le cas de la situation décrite et analysée par Piera Aulagnier dans *L'Apprenti-Historien et le Maître-Sorcier* (PUF, Le Fil Rouge, Paris, 1984). Toutes mes réflexions, on l'a compris, tournent d'ailleurs autour du problème de savoir comment ce qui est « impensable » pour un sujet peut être non seulement lié à son développement psychique personnel, mais aussi organisé à partir de « l'indicible » d'un autre, parent le plus souvent.

Enfin, comme des situations génératrices de secrets peuvent se produire dans une même lignée sur plusieurs générations, un même individu peut occuper simultanément chacune des trois places définies. C'est-à-dire qu'un même individu peut être à la fois porteur d'un secret personnel, porteur des traces liées au secret de l'un de ses deux parents, et enfin porteur des effets familiaux d'un secret remontant à deux ou plusieurs générations. Nous allons voir maintenant comment chacune de ces situations peut, à sa manière, interférer avec le développement de la créativité. Car il appartient aussi aux secrets familiaux de porter leur ombre sur les activités créatrices...

Quatrième partie

SECRETS
DE FAMILLE
ET CRÉATION

Effets lacunaires des non-dits et « manques »

Afin de rendre claire la relation qu'entretiennent les secrets familiaux avec les diverses formes de créativité, il n'est sans doute pas inutile de préciser encore que les lacunes déterminées dans le psychisme de plusieurs générations successives par un secret initial inavouable ne sont nullement assimilables à des « manques ». Et cela même si chaque enfant d'une nouvelle génération risque de vivre la lacune résultant dans le psychisme de son propre parent par le secret inavouable d'un autre comme un manque à combler. Et également même si chaque enfant tente, par ses productions psychiques et ses réalisations concrètes, de soigner son parent lacunaire, ou plutôt l'image lacunaire qu'il en a construite et installée en lui. La distinction entre de telles « lacunes » et les « manques » au sens courant du terme repose en effet sur une distinction essentielle Un « manque » concerne un objet qui a d'abord été présent pour le sujet, puis dont il s'est senti privé, soit que cet objet lui ait été retiré, soit qu'il ait perdu le contact privilégié qu'il avait avec lui à la suite de modifications de sa propre disponibilité psychique. Ce sont ces « objets perdus » que sa créativité, lorsqu'elle a pu se développer, tente de lui restituer magiquement de façon symbolique. Au contraire, les lacunes communiquées au sujet par le système symbolique et éducatif auquel il a été soumis déterminent des comportements, des émotions, des images et des fantasmes à travers lesquels il tente de donner sens à ce qui en est, pour lui, dépourvu depuis le début. C'est-à-dire que ces productions ne visent jamais un objet absent – qu'elles pourraient fantasmatiquement rendre présent –, mais un objet à la fois virtuel et nécessaire. Si une comparaison permet d'imager les effets que les lacunes liées à un secret familial déterminent dans le système symbolique d'un enfant, c'est celle des mécanismes physiologiques produits par l'organisme en réponse à une plaie cutanée. Et cela même si, dans la plaie, un aspect important des effets du secret est absent, à savoir la tentative faite par l'enfant de soigner le parent par sa propre activité psychique de symbolisation (sauf à supposer que le revêtement cutané entamé par la plaie soit vécu inconsciemment par l'enfant comme appartenant à un parent qu'il a installé en lui autant qu'à lui-même, auquel cas la comparaison devient complète). Toute lacune dans le revêtement corporel d'un individu s'accompagne en effet d'une intense activité des tissus qui l'entourent : dilatation des vaisseaux sanguins, apport de matériaux de réparation, afflux de cellules destinées à lutter contre les phénomènes infectieux et inflammatoires... Mais cette prolifération peut parfois devenir excessive et provoquer de disgracieuses cicatrices. De même, le « trou » provoqué dans le système symbolique d'un enfant par un secret chez l'un de ses parents – ou bien par les effets d'un secret dont l'un de ses grands-parents est porteur – fonctionne comme point d'appel pour un intense travail de symbolisation destiné à en combler la lacune. Un travail qui, par son intensité même, détourne inévitablement le sujet des investissements liés à sa propre existence libidinale et relationnelle. Accaparé à son insu par la faille dans le monde symbolique de ses parents qu'il tente de symboliser à travers un intérêt sélectif pour tout ce qui l'en rapproche, l'enfant, puis l'adulte qu'il devient, est de ce fait moins disponible à ses propres investissements et réalisations. Il appartient pourtant à certaines personnalités de pouvoir faire en sorte que les transmissions psychiques transgénérationnelles qui les affectent, ne s'expriment pas seulement par des symptômes ou par des choix de vie, mais acquièrent, à travers une œuvre, le statut de contribution à l'enrichissement du patrimoine humain.

Effets lacunaires des non-dits et désirs parentaux

La langue maternelle, puis familiale, assigne à chacun une place. Mais si le sujet s'y conforme totalement, il court le risque de perdre à jamais sa propre spécificité. En d'autres termes, cette place qui donne vie à l'enfant lui fait aussi courir le risque de mourir à lui-même. Dans l'activité de création, le sujet tente de se dégager de la prégnance du désir maternel et familial sur sa personne et sur ses désirs. Il constitue à cet effet un leurre qui, en tentant de capter ce désir, vise à le détourner de lui-même. Et même si aucune œuvre durable n'advient de cette tentative – si par exemple ces productions sont de l'ordre de mouvements corporels comme dans la danse spontanée et le gribouillage, ou de vocalisations plus ou moins bien structurées à travers des chants et des rythmes – le sujet s'y détache pourtant de la prise mortelle d'un désir étranger à lui-même et qui tend à lui fixer sa place. Cette voie me paraît d'ailleurs correspondre à ce que Freud a dénommé « sublimation » en y pointant un destin essentiel de la pulsion.

Mais il n'y a pas que le désir maternel ou familial qui constitue pour l'individu un dangereux point de capture de lui-même. Toute lacune dans le système symbolique d'un parent peut exercer un effet de fascination identique. Et si l'inconscient maternel se reflète toujours dans la représentation mentale de l'enfant, puis de l'adulte qu'il devient, cette réalité est particulièrement perturbante dans le cas d'une mère porteuse de secret, et plus encore d'une mère issue d'un parent porteur de secret. En effet, ce reflet indispensable de lui-même que l'enfant trouve dans le psychisme maternel comporte alors une tache aveugle où rien ne lui est renvoyé, mais dont le scintillement risque de le capter au point qu'il la confonde avec sa propre vérité. Cette tentation est d'autant plus forte que cette tache aveugle est plus vaste, par les perturba-

Secrets de famille et création

tions qu'elle porte sur la communication maternelle, et plus irisée, par la jouissance secrète dont son scintillement témoigne (cette jouissance secrète étant celle du parent lui-même dans le cas de secret indicible, et du parent du parent enfermé dans le monde intérieur de celui-ci dans le cas d'un parent issu d'un porteur de secret).

On voit alors la différence essentielle qui oppose les effets des attentes et des désirs des parents sur l'enfant avec ceux que provoquent les lacunes symboliques dans leur propre psychisme.

La force de captation du désir de l'autre tient à la place que le manque qui en occupe le centre assigne à celui qui croit, un temps, pouvoir le combler. Au contraire, le pouvoir de fascination des lacunes symboliques liées à des problématiques familiales de secret tient à ce que le sujet aimant et désirant puisse confondre le vide qui en constitue le centre avec la manifestation d'un désir parental. Car alors il va tendre à s'y conformer dans l'attente d'être par là aimé et de pouvoir s'y reconnaître lui-même. Ce qui a bien peu de chances d'arriver puisque ce vide, répétons-le encore, ne cerne pas le désir du parent, mais un secret inconnu de lui même et qu'il n'a reçu mission que de perpétuer. Mais, confronté à une telle situation, le sujet peut aussi, parallèlement ou concurremment avec d'éventuels symptômes, tenter de combler ces vacuités dissolvantes – véritables « trous noirs » transmis d'une génération sur l'autre – par des activités de symbolisation créatrices empruntant aux différents langages émotionnels et expressifs : gestualité, vocalité, capacité de métaphorisation. Car la symbolisation, quelle que soit sa forme, est essentielle à l'être humain.

Symptômes et créations

Comme dans le cas de symptômes, le sujet se sent poussé à la création par une contrainte intérieure. Pourtant, il n'est pas dans notre intention de réduire la création artistique, ou même l'activité expressive, à une maladie. À la différence des symptômes, les activités créatrices relèvent en effet de choix successifs et sont limitées à une durée et à un espace précis, ceux de la création. Alors que le symptôme se constitue en quelque sorte passivement, la création nécessite l'intervention d'une activité psychique volontaire à chacune de ses étapes. Dans le symptôme, le sujet s'identifie à la place que lui fait le secret familial. Alors qu'au contraire, dans la création, ce secret – c'est-à-dire les mots qui le constituent et qui verrouillent l'accès à la vérité qu'il cache – se trouve objectivé de telle manière que le sujet puisse s'en détacher. Et pour cela, l'œuvre opère non seulement la mise en scène du secret lui-même, mais tente également de poser les bases de sa résolution [1]. Autrement dit, dans le symptôme, c'est la répétition qui joue un rôle essen-

---

1. Comme chez Hergé, la séquence finale du *Temple du Soleil*, puis celle de *Tintin au Tibet* (voir supra, 2ᵉ partie).

tiel, même si celle-ci est à fin de dépassement, alors que dans la création, il y a rupture et franchissement, même si le matériel psychique en cause peut être constitué dans les deux cas par un véritable « corps étranger » intra-psychique. Enfin, même si symptôme et création constituent chacun à leur façon des tentatives de symbolisation, le créateur présente la particularité de tenter de renouer avec le prototype corporel de toute introjection.

L'activité manuelle, prototype de toute introjection

Nous avons signalé au début que l'introjection est le processus par lequel le psychisme intériorise, sous la forme d'un modèle relationnel reproductible et grâce à la médiation de la parole, la structure des échanges nouveaux auxquels il est confronté. Dans l'œuvre créée avec la main – que le résultat en soit un dessin, une peinture, une sculpture ou un modelage – le mot bien sûr n'intervient pas. Ou s'il intervient, c'est dans un second temps, celui de la nomination de l'image ou de l'inscription du texte qui l'accompagne. Mais on aurait tort d'oublier qu'avant le langage, c'est la main qui est le premier instrument d'appropriation et de maîtrise du monde. Dans les premières traces, c'est elle qui offre au regard un objet où se mêlent inextricablement la matière du monde et l'empreinte que la main lui a volontairement imposée. C'est-à-dire que l'œuvre produit les conditions d'une introjection muette : la main s'y substitue aux mots pour donner une forme communicable à certaines représentations et à certains contenus affectifs qui n'avaient pu trouver leur place au sein du Moi conscient, et le regard tente de placer ce contenu à l'intérieur du système psychique. L'opération créatrice se trouve ainsi à mi-chemin entre l'introjection proprement dite et son modèle corporel. Dans la première, des mots permettent d'installer à l'intérieur du psychisme des schémas relationnels utilisables dans de nouvelles situations, tandis que dans la seconde, le petit enfant utilise sa main pour porter vers sa bouche l'objet qu'il aime, ou qu'il désire seulement mieux connaître, avec l'illusion de l'introduire dans son corps entier. Le passage de l'une à l'autre de ces relations au monde s'appuie sur la médiation des mots donnés par l'adulte, en particulier par la mère (ou l'adulte en tenant lieu pour l'enfant, « mère » des premières relations éventuellement distincte de la génitrice). Ce sont ces mots qui permettent peu à peu à l'enfant de substituer au désir de dévorer l'objet la possibilité d'un échange de paroles avec lui, l'introduisant ainsi au processus de l'introjection.

Or il me semble que, de la même façon, le fantasme majeur qui soutient l'activité manuelle créatrice est que la main soit mère pour le reste du soi. Comme la mère dans le processus introjectif, la main fournit la matière de l'introjection – ici des formes et non pas des mots – à un enfant identifié au reste du Moi, et principalement à un regard. Et de même que l'enfant

Secrets de famille et création

symbolise le monde à travers les mots que la mère lui donne, le créateur symbolise le monde à travers les images que sa main produit, et qui, faut-il le préciser, n'existent jamais pour lui avant la représentation qu'il s'en donne. Et, comme dans la relation introjective, non seulement le créateur se nourrit psychiquement de ces représentations, mais encore son plaisir s'accroît des surprises qu'elles lui réservent. Son œil s'émerveille de ces symbolisations nouvelles que sa main lui propose, et où se trouvent mêlés la matière du monde qui l'environne avec son monde intérieur.

Le choix du dessin, de la peinture ou de la sculpture comme modes privilégiés de symbolisation témoigne ainsi d'un double mouvement. D'une part, cet effort représentatif constitue un appel à la communication verbale précédemment bloquée, sorte de bouteille à la mer jetée à l'adresse d'un public hypothétique qui puisse enfin en déchiffrer le sens. Et d'autre part, il est tentative de connaître et d'introjecter des fragments de détresse, de rage, d'amour, ou de révolte, ainsi que les représentations correspondantes qu'il avait été interdit au créateur de percevoir dans sa propre existence relationnelle, en lui ou chez autrui. De tels fragments émotionnels et représentatifs figés peuvent être liés aux divers types de situations que nous avons envisagés. En effet, cet effort de symbolisation porte à la fois sur les événements personnels que l'environnement a laissés en souffrance, et sur les événements familiaux interdits de symbolisation verbale, qu'ils correspondent à des secrets chez les parents ou bien aux effets chez eux d'événements ayant touché une génération antérieure et passés sous silence. Les effets propres à chacune de ces situations peuvent d'ailleurs se cumuler au sein d'une même création. Et peut-être même en est-il toujours ainsi du fait de la multiplicité des déterminations qui doivent entrer en jeu afin de permettre le « décollage créateur » nécessaire à la réalisation d'une œuvre. D'autant plus que ces diverses situations ne sont pas équivalentes du point de vue des créations qu'elles peuvent déterminer.

Formes du secret et créativités

Les souffrances psychiques liées à des situations vécues comme ruptures de communication déterminent plutôt des activités expressives à visée cathartique. Par exemple le fait qu'un enfant se mette à dessiner les mimiques de fureur qu'il prête à son père – éventuellement travesti en « chevalier » ou en « pirate » – représente la tentative d'introduire dans un système de communication qui lui soit extérieur certaines parties de sa propre personnalité et les inquiétudes qui leur sont attachées. De la même manière, et sur une toute autre échelle, on a pu rapporter le style de certains personnages vus de dos du sculpteur Henry Moore à la réminiscence pour lui de massages qu'il avait dû réaliser, enfant, de cette partie du corps de sa mère... avec l'émotion qu'on imagine [1].

---

1. Alice Miller, *C'est pour ton bien*, Aubier, Paris, 1985.

Secrets de famille et création

L'existence d'un secret indicible peut, quant à elle, entraîner dans son sillage l'enfermement dans une œuvre des représentations et des mises en scène scellées à l'intérieur du psychisme du sujet. Tel fut le cas de l'écrivain Romain Gary, porteur du secret d'un amour passionné réciproque avec sa mère, mais aussi du partage de la honte. « Honte du fils et de la mère dans les moments misérables de leur vie, en particulier en Pologne. Honte du fils vis-à-vis de la mère lorsqu'il découvre qu'elle se prive de manger pour qu'il soit bien nourri. Honte du fils pour sa mère lorsqu'elle se ridiculise et le ridiculise aux yeux d'autrui. Honte du fils quand sa mère l'oblige moralement à la venger de quelque offense imaginaire. Honte de la mère aussi qui lui cache une partie de son existence difficile [1]. » Un tel lien noué à la fois autour d'un amour passionné et d'une honte à effacer réalise en effet les conditions d'un secret douloureux et indicible. Et l'écriture fut le chemin étroit par lequel Romain Gary tenta de s'en affranchir sans être pour autant infidèle à l'exigence maternelle de réussite, c'est-à-dire en fait au projet maternel grandiose destiné à effacer la misère et la honte. Un chemin sur lequel il fut d'ailleurs constamment tenté par l'usage d'un pseudonyme : « Gary » tout d'abord, qui avait été le nom d'actrice de sa mère, comme pour signifier de façon secrète le lien qui l'unissait à elle, puis « Fosco Sinibaldi », « Shatan Boyat », et finalement « Émile Ajar », avec lequel il parviendra un temps à

---

1. Claude Nachin, *op. cit.*

égarer la critique. De tels subterfuges sont en effet d'autant plus essentiels dans le cas d'un secret grave que le propre de celui-ci est justement de produire un clivage de la personnalité en deux. Le résultat de ce clivage est de permettre à chacune des deux parties du Moi de fonctionner de manière autonome par rapport au reste de la personnalité, chacune ignorant ce que fait l'autre. Dans de tels cas, l'œuvre résulte, dans ses recherches dramatiques autant qu'esthétiques, de l'influence de ces deux parties clivées de la personnalité. À travers le processus créateur, la partie du Moi liée au secret tente de rendre acceptable pour le Moi conscient les contenus qui s'y trouvent enfermés. L'auteur est bien alors, selon la formule consacrée, son « premier spectateur », en ce sens que la partie de lui-même qui souhaite introjecter le contenu du secret indicible est le premier spectateur de la partie de lui-même qui est parvenue à en donner une représentation. L'auteur d'une telle œuvre peut être dit « différent » de la personnalité de l'auteur mise en jeu dans sa vie quotidienne, et le choix d'un pseudonyme s'impose naturellement à lui comme un reflet de cette étrangeté.

La lacune provoquée dans le système psychique d'un sujet par une lacune dans le monde symbolique d'un parent (lacune liée à un secret indicible chez l'un de ses propres parents, ou chez l'un de ses ascendants) fonctionne elle aussi comme point d'appel pour des mises en symboles multiples... à condition toutefois, comme nous l'avons vu, que ses effets dévastateurs ne

Secrets de famille et création

s'exercent pas contre les possibilités de penser mêmes de l'individu. Ces mises en scène trouvent dans les images une voie privilégiée de recherche du fait que l'interdit porte sur les mots du secret et peut donc être contourné, au moins partiellement, par la production d'images. Et celles-ci peuvent être graphiques, picturales, théâtrales... mais aussi verbales, comme le montrent certains textes littéraires... ou les insultes du capitaine Haddock.

D'ailleurs, de toutes les situations de création, c'est sans doute celle qui confronte le sujet avec l'angoisse de la feuille blanche – ou de la toile – qui a le plus de chance de retenir le porteur de lacune sans répondant psychique chez le parent, et au premier chef la victime du secret en troisième génération. En effet, le face-à-face avec la surface vierge est sans doute la situation analogiquement la plus proche de celle dont un tel sujet a été, dans sa toute petite enfance, partie prenante. La surface de papier ou de toile constitue pour le créateur une pellicule de projection libre de toute impression antérieure un peu comme l'est le système psychique du nouveau-né. Or si celui-ci est marqué par des stimulations variées dès la vie intra-utérine, la naissance le confronte à une intensité sans précédent d'excitations. La surface vierge du papier est alors pour le créateur l'équivalent de sa propre réceptivité passée d'enfant, à un moment où sa dépendance tant corporelle que psychique à ses parents incluait une immense réceptivité aux traces que ceux-ci laissaient en lui et aux marques qu'ils lui imprimaient. Des

Tintin et les secrets de famille

marques qui, avant de passer par le contenu sémantique de leurs messages verbaux, concernaient les intonations des phrases que les parents prononçaient (leur rythme et leur prosodie), leurs mimiques et leurs divers comportements à l'égard de l'enfant. Mais dans ces retrouvailles avec l'aube de son propre fonctionnement psychique, le créateur n'est plus maintenant celui qui est marqué. C'est au contraire celui qui marque. La reproduction se double ici d'une inversion des rôles. C'est la feuille maintenant qui est chargée de supporter la disponibilité de l'enfant a être marqué par son environnement, tandis que le créateur prend, par l'artifice de son jeu, la position active d'être celui qui inscrit. Or, dans le cas d'un enfant soumis à un secret familial, un tel comportement va prendre un relief tout particulier. En effet, parce que le désir de connaître le contenu du secret familial est frappé d'impossibilité, c'est à sa main que celui qui dessine, peint ou modèle, va demander de résoudre l'énigme que la parole ne peut approcher. En poussant à la représentation symbolique de phénomènes qui ne se traduisaient jusque-là qu'à travers des éprouvés, des comportements ou des mots bizarres, les secrets familiaux peuvent ainsi parfois déterminer des créations originales. Dans la mesure où les nécessités psychiques d'une symbolisation sont tellement impérieuses, et ses voies les plus simples tellement fermées par la nécessité du secret, l'invention d'un langage nouveau, en marge des contraintes culturelles dominantes, peut alors s'avérer la seule possibilité.

Secrets de famille et création

De la même façon que nous avons suggéré, dans le cas d'un porteur de secret, que l'identité personnelle de l'artiste devait être distinguée de celle du créateur des œuvres (dans la mesure où ce sont des parties clivées de sa personnalité qui peuvent, à son insu, s'exprimer dans ces différents domaines), la même distinction est nécessaire pour le créateur victime des effets d'un secret familial remontant à deux ou plusieurs générations. D'ailleurs, de façon générale, le créateur est bien souvent celui qui se révèle capable d'écrire (éventuellement sous des pseudonymes divers et comme sous la dictée de narrateurs intérieurs différents) plusieurs œuvres témoignant de l'histoire, des problèmes et des fantasmes d'autres personnages n'ayant qu'un contact latéral avec son propre inconscient, mais ayant conduit à la formation « d'inclusions » étrangères dans son propre psychisme. Et il est probable que les effets de secret en première et seconde génération se cumulent bien souvent dans une œuvre, comme nous l'avons abondamment vu pour Hergé.

L'œuvre plurielle

Il est probable que de tous les événements susceptibles de déterminer un « impensé familial », ce sont les secrets de filiation qui sont les plus propices à motiver une activité créatrice. De tels secrets sont en effet fondateurs de lignée, et l'acte de reconnaissance est un moment essentiel de toute activité créatrice.

L'artiste met au monde son œuvre et la signe d'un nom qui en authentifie l'origine : patronyme le plus souvent, mais aussi parfois initiales entrelacées, prénom, nom paternel ou pseudonyme choisi par soi ou par un autre, jusqu'à un faux nom derrière lequel l'auteur peut cacher son identité réelle. D'ailleurs, de façon générale, le désir de « se faire un nom » est très présent dans toute activité de création ; et bien souvent, pour le créateur, le nom du père n'est pas très bien posé... que cette situation résulte ou non d'un secret familial...

Le sentiment parfois vécu par le créateur que son œuvre ne l'exprime pas lui, mais un autre, ainsi que la difficulté pour lui de la révéler au public, pourraient parfois de la même façon être liés à ce mécanisme. Il s'agirait, en ce qui concerne le sentiment que l'œuvre vient d'un autre, de la perception préconsciente du rôle joué dans la nécessité de sa construction par un tiers intrapsychique, et, en ce qui concerne la difficulté de la révélation de cette œuvre au public, du risque que la mise en scène du secret qui est à son origine ferait courir au parent intériorisé, même si le contenu initial du secret s'y trouve rendu méconnaissable.

Mais si un secret familial peut mobiliser la tension créatrice, il ne constitue pas pour autant la seule source du matériel psychique qui se dépose dans l'œuvre. Le décollage créateur nécessite de puissantes motivations, et pour cela un faisceau de conditions

Secrets de famille et création

psychiques favorables doit être réuni [1]. Par ailleurs, la dynamique du travail créateur, avec ce qu'il comporte de continuité avec des pairs et d'imitation, mais aussi de transgression et de recherche de l'originalité, confronte inévitablement l'artiste à des fantasmes préœdipiens et œdipiens (en particulier de fusion, de dévoration et de meurtre), ainsi qu'au souvenir conscient et inconscient d'expériences variées – olfactives, auditives, visuelles, kinésiques rythmiques, etc. – dans lesquelles le sujet a puisé une part de son identité, ou qui l'ont au contraire ébranlé. C'est pourquoi le propre de l'œuvre d'art est de pouvoir nourrir des approches multiples – esthétique, historique, philosophique, sociologique... – sans qu'aucune se révèle suffisante à en épuiser le sens. Et cela d'autant plus que le rôle joué dans la motivation créatrice par tel conflit psychique ou telle réminiscence de l'auteur ne se trouve pas forcément inscrit de façon décelable dans l'œuvre, et particulièrement en ce qui concerne les effets cryptés des secrets familiaux ! Cette constatation conduit d'ailleurs à se demander si l'existence de secrets familiaux inconnus des créateurs eux-mêmes ne pourrait pas jouer dans le déclenchement de la nécessité créatrice un rôle bien plus grand que la seule analyse du contenu des œuvres peut le laisser imaginer [2]. On voit en tout cas qu'il convient d'être prudent dans toute tentative de déduire l'univers

---

1. Cf. Didier Anzieu. *Le corps de l'Œuvre*, Gallimard, Paris, 1981.

2. Pour ce qui concerne la bande dessinée, j'ai envisagé ce problème pour deux autres auteurs que Hergé : E.-P. Jacobs pour l'ensemble de son œuvre, et Loisel et Letendre, co-auteurs

fantasmatique d'un auteur des mises en scène présentes dans ses œuvres. Car il fait justement partie des possibilités créatrices de tenter l'objectivation, à travers une œuvre, de contenus mentaux étrangers à soi. L'auteur en explore le fil à la recherche de l'extrémité qui lui donnerait son sens, et l'œuvre naît de ces manipulations.

de *La Quête de l'Oiseau du Temps* (Éd. Dargaud, Paris. 4 tomes). In *La bande dessinée au pied du mot, op. cit.*

Je remercie Philippe Grimbert et Claude Nachin. Le premier pour sa familiarité avec le monde de l'Opéra, qui m'a éclairé d'un jour nouveau certaines séquences de *Tintin.* Le second pour sa connaissance de l'œuvre de Nicolas Abraham et Maria Torok mes références à leurs travaux doivent beaucoup à nos échanges. Je remercie enfin Éric Adda, pour le soin qu'il a mis à relire mon manuscrit et ses conseils.

BIBLIOGRAPHIE

Abraham N. et Torok M., *L'écorce et le noyau*, Flammarion, Paris, 1987.
Abraham M. et Torok M., *Le verbier de l'homme aux loups*, Aubier-Flammarion, Paris, 1976.
Anzieu D., Le transfert paradoxal, in *Nouvelle revue de psychanalyse*, n° 12, Gallimard, Paris, 1975.
Anzieu D., *Le corps de l'œuvre*, Gallimard, Paris, 1981.
Aulagnier P., *La violence de l'interprétation* PUF, Paris, 1975.
Aulagnier P., *L'Apprenti-Historien et le Maître-Sorcier*, PUF, Paris, 1984.
Bion W. R., *Théorie de la pensée*, R.F.P., PUF, Paris, 1962.
Bion W. R., *Recherche sur les petits groupes*, PUF, Paris, 1965.
Boszormenyi Nagy I. et Spark G.M., *Invisibles loyalties*, New York, Harper and Row, 1973
Boszormenyi Nagy I. et Framo J.K., *Psychothérapies familiales*, PUF, Paris, 1986.
Bowen M., *La différenciation du soi, les triangles et les systèmes émotifs*, ESF, Paris, 1987.
Caillot J.-P. et Decherf G., *Thérapie familiale psychanalytique et paradoxalité*, Clancier-Guénaud, Paris, 1982.

Cramer B., Fonctionnement mental précoce et interactions mère-enfant, in *Topique*, n°s 35-36, 1985, pp. 151-172.
Dolto F., *Au jeu du désir*, Seuil, Paris, 1981.
Dolto F., *L'image inconsciente du corps*, Seuil, Paris, 1984.
Dumas D., *L'Ange et le Fantôme*, Minuit, Paris, 1985.
Eiger A., *Un divan pour la famille*, Dunod, Paris, 1983.
Eiger A., *La parenté fantasmatique*, Dunod, Paris. 1987.
Ferenczi S., Transfert et introjection, in *Œuvres complètes*, tome 1, Payot, Paris. 1982.
Ferenczi S., *Journal clinique*, Payot, Paris, 1985.
Freud S., *La Science des rêves*, PUF, Paris, 1967.
Freud S., Pour introduire le narcissisme, in *La vie sexuelle*. PUF, Paris, 1969.
Freud S., Deuil et Mélancolie, in *Métapsychologie*, Gallimard/Idées, 1968.
Guir J., *Psychosomatique et cancer*, Point hors ligne, Paris, 1983.
Haley J., *Nouvelles stratégies en thérapies familiales*, Delarge, Paris, 1979.
Kaes R., *L'appareil psychique groupal*, Dunod, Paris, 1976.
Kreisler L., *L'enfant du désordre psychosomatique*, Privat, Paris, 1981.
Litz L., *Le schizophrène et sa famille*, Navarin, Paris, 1986.
Mac Dougall J., *Théâtre du Je*, Gallimard, Paris, 1982.
Mac Dougall J., *Théâtre du corps*, Gallimard, Paris, 1989.
Masson J.-M., *Le réel escamoté*, Aubier, Paris, 1984.
Miller A., *Le drame de l'enfant doué*, Paris, PUF, 1983.
Miller A., *C'est pour ton bien*, Paris, Aubier, 1984.
Miller A., *La connaissance interdite*, Paris, Aubier, 1988.
Nachin Cl., *Le deuil d'amour*, Éd. Universitaires, Paris, 1989.

Bibliographie

Naissance de l'écriture, Éd. de la Réunion des musées nationaux, Paris, 1982.
Pankow G., *L'homme et sa psychose*, Aubier-Montaigne, Paris, 1973.
Pankow G., *L'être-là du schizophrène*, Aubier, Paris, 1981.
Peeters B., *Le Monde d'Hergé*, Casterman, Bruxelles, 1983.
Peeters B., *Les bijoux ravis*, Éd. Magic Strip, Bruxelles, 1984.
Phillips D.D. et Smith D.G., *Journal of American Médical Association* (Éd. Française, 1990, vol. 15, pp. 729-734).
Racamier P.-C., Entre humour et folies, in *Revue française de psychanalyse*, 1973, 37, pp. 655-668.
Racamier P.-C., *Les schizophrènes*, Pavot, Paris, 1980.
Rand N., *Le cryptage et la vie des œuvres*, Aubier, Paris, 1989.
Ruffiot A. et Eiger A., Le couple et l'amour, de l'originaire au groupal, in *La thérapie psychanalytique du couple* Dunod, Paris, 1984.
Ruffiot A. et coll., *La thérapie familiale psychanalytique*, Dunod, Paris, 1981.
Satir V., *Thérapie du couple et de la famille*, Épi. Paris, 1971.
Smolderen T. et Sterckx P., *Hergé, biographie*, Casterman, Bruxelles, 1988.
Sylwan B., Le ferd-ikt, in *Études freudiennes*, n°s 13-14, Denoël, Paris, 1978.
Tisseron S., *Tintin chez le psychanalyste*, Aubier-Archimbaud, Paris, 1985, rééd. Flammarion, 2013.
Tisseron S., *Psychanalyse de la bande dessinée*, PUF, Paris, 1987.
Tisseron S., *Hergé*, Seghers, Paris, 1987.
Tisseron S., *La bande dessinée au pied du mot*, Aubier. Paris, 1990.

Watzlawick P. et coll *Une logique de la communication*, Seuil, Paris, 1982.
Zuili N. et Nachin Cl., Le travail du fantôme au sein de l'inconscient et la clinique psychosomatique, à propos du psoriasis, in *Ann. Med. Psy.*, Paris, 1983, 141, 9, 1022-28.

TABLE

Première partie
TINTIN, UN DRAME FAMILIAL

Le secret de la filiation occultée	15
Premières confirmations	20
La charade de l'oiseau royal	22
Hergé et le secret paternel	26
La vérité démasquée	29
La Castafiore séduite et abandonnée	33
Alexis et le secret maternel	39
Hergé et le choix du dessin	43
Dupond et Dupont	46

Deuxième partie
PROCÉDÉS NARRATIFS ET MISE EN SCÈNE DES MOTS DU SECRET

Langages de mots et langage d'images dans le secret	55
À la rencontre du désir créatif	60

Répétitions et démentis	61
Rêve et bande dessinée	66
La † de l'Aigle	68
Discours narratif et discours du secret dans la B.D.	72
Les signes « déterminatifs »	75
Du mot à l'image	79
Les mots du secret	83
Dynamique de l'œuvre, dynamique de l'inconscient	86
De l'œuvre créée à l'œuvre publique	88

Troisième partie
SECRETS DE FAMILLE ET TROUBLES MENTAUX

Répétitions et secrets	93
La violence du secret	96
Événements collectifs et secrets privés	99
Les principaux événements à l'origine de « secrets » aujourd'hui	103
Des mots pour le dire	105
Observation de Mme M.	109
La honte	111
Observation de M. C.	113
Le secret	115
Le secret et la crypte	117

Les mots du secret 119
Les manifestations du clivage 124
Secret et communication paradoxale 127
La communication du porteur de secret 130
Observation de Mme R. 136
L'organisation psychique de l'enfant de parent porteur de secret 138
Les symptômes de l'enfant de parent porteur de secret 143
Gravité des symptômes de l'enfant de parent porteur de secret 148
Le porteur d'événement « impensable » et sa communication 150
La transmission des effets du secret à la génération suivante : introduction à la problématique transgénérationnelle 155
Comment « l'indicible » pour une génération peut se transformer en « impensable » pour les suivantes 159
Effets du secret en seconde génération et angoisses sans nom 161

Quatrième partie
SECRETS DE FAMILLE ET CRÉATION

Effets lacunaires des non-dits et « manques » 169
Effets lacunaires des non-dits et désirs parentaux 171

Symptômes et créations 174
L'activité manuelle, prototype de toute
introjection 175
Formes du secret et créativités 178
L'œuvre plurielle 183

Bibliographie 189